ちくま新書

週末起業

藤井孝一
Fujii Koichi

427

週末起業【目次】

章扉イラスト　横山裕一

はじめに

日本からどんどん会社が消えています。昨今の不況で、多くの会社が潰れ、新しく生まれる会社の数も減り続けています。「このままでは、私たちや子どもたちが将来働く場所がなくなってしまう」、そんな不安にさいなまれます。

この問題を解決するために、国や行政はサラリーマンに期待を寄せています。彼らが自分で商売をはじめてくれれば、そのぶん失業者は減って会社の数は増えるので、一石二鳥だからです。

もちろんこれは企業にとっても大歓迎です。日本の会社は、すでに終身雇用を維持できなくなりつつありますから、社員が巣立ってくれるのは勿怪《もっけ》の幸いなのです。そんなわけで国をあげてサラリーマンを煽り、起業させようと躍起です。しかし周囲の期待をよそに、当の本人はいっこうに動きません。

当たり前です。起業はリスクが高すぎるからです。多くのサラリーマンには、守らねばならない家族がいます。一家の大黒柱である彼らに迂闊な行動がとれるはずはありません。それでなくても年収は減り続け、住宅ローンや教育費などの支出は増える一方なのです。

こんな状況でなぜ会社を飛び出せるのでしょうか？　いくら起業の素晴らしさを説かれても、「果実」を手にするためには家族をリスクにさらさねばならないとしたら、一家の大黒柱として起業に踏み切れないのは当たり前です。私もつい数年前まで会社員でしたから、そのあたりの事情はよく分かります。

では、サラリーマンは起業をあきらめるべきでしょうか？　それも違います。起業は素晴らしいライフスタイルです。自分のやりたいことを、自分のやりたいように、自分の信念に従って思う存分できるのです。ぜひ挑戦してほしいと思います。人生は一度きりです。後悔したくないじゃないですか。

ただしリスクは抑える必要があります。

起業するときに直面する最大のリスクは、収入が突然なくなることです。それに、起業家の世界と会社員の世界はまったく違います。起業をすると、何でも自分でやらなくてはなりませんし、法律、会計、税金などを学ぶ必要もあります。何よりも大変なことは、自力でお金を稼がねばならないということです。そんなこと当たり前だと思う読者もいるでしょうが、この点こそが、黙っていても毎月銀行口座に一定額が振り込まれる会社員とは大違いの点なのです。

こんな世界に何も知らずに飛び込んだら、普通は大けがをします。それを避けるためには、起業家になるためのトレーニングを積むことが必要です。そのトレーニングとして最良なのが、会社を辞めずに起業してみることなのです。

この「会社を辞めずに起業する」というアイデアは、私が起業コンサルタントとして「起業したい」というサラリーマンの相談にのってきたなかで思いついたことです。起業コンサルタントとしての私の役目は、起業家が世の中に出るのを手伝うことです。最初の一歩を踏み出せない人の背中を、「大丈夫ですよ、やりましょうよ」と押してあげることです。

ところが昨今の不況下では、「大丈夫ですよ」なんてとても言えなくなりました。背中を軽く押したつもりでも、もしかしたら相手を崖から突き落とすことになるかもしれないからです。

だからこそ、会社を辞めずに〝起業〟することを勧めることにしたのです。そしてこれを「週末起業」と名づけ、広く一般に知ってもらいたいと考えました。週末起業なら安定収入が維持できるので、家計に大きな負担をかける心配はありません。だからこそ思う存分、やりたいことができるのです。また、たとえ失敗したとしても、何度でもやり直すことができます。

コンサルティング活動を続けるなかで、この「週末起業」の効果を確信するに至りました。また、週末起業の魅力や面白さなどについて、あらためて気づいたこともいろいろあります。「これだけは伝えたい」と思うノウハウやテクニックを蓄積することもできました。それをまとめたのが本書です。

「起て、全国のサラリーマン！」

こんな想いで本書を書きました。一人でも多くの人に新しいライフスタイルのヒントを提示できれば幸いです。

第一章

週末起業で「こんな時代」を生き抜こう!

†「年収三百万円」はもはや他人事ではない

日本はどんどんサラリーマンに厳しい国になっていくようです。

かつての同僚や、大学時代の友人、私たちの主催する「週末起業セミナー」などでいわゆるサラリーマン（サラリーウーマンも含みます。念のため）の方にお会いすると、皆さん異口同音に将来に対する不安を口にします。

そして**「またボーナスがカットされた」「上司がリストラされた」「退職金が減りそうだ」**とこぼします。

しかし、これに対して愚痴をこぼす以外にたいした行動が起こせずにいます。むしろ不安から目を背けるようにますます日々の仕事に没頭していくようにすら見えます。

完全失業率は、過去最悪の五・六％をつけその後も五・五％前後を推移しています。失業者は四百万人に届きそうです。そのうち三割の人がリストラや倒産など、勤務先の都合で仕事を失ういわゆる非自発的失業者です。

日本経済はかつてないほどの混迷状態に陥っています。企業も生き残りのために必死なのです。かつては日本的経営の象徴として世界に誇った終身雇用や定期昇給など従業員にやさしい制度も、もはや古き良き時代の名残、すでに維持できなくなっています。

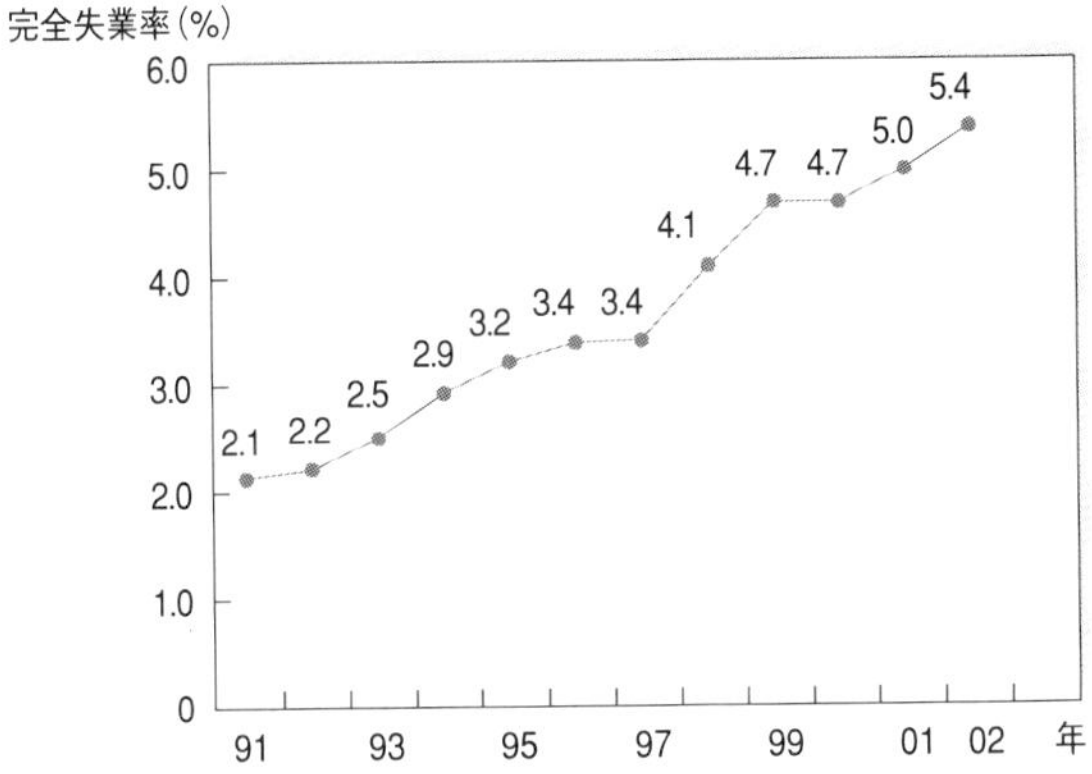

出所：総務省「労働力調査」より作成

図表1　完全失業率の推移

今や賃下げはおろか首切りも当たり前という感じです。

たとえば、終身雇用は完全に崩壊した感があります。これまでの日本の雇用慣行では、終身雇用が当たり前でした。かりに業績が悪くなっても、経営者は従業員を解雇することがほとんどできませんでした。ところが最近の判例をみると経営者の解雇権を大幅に認めるケースが相次いでいます。

また賃下げも当たり前になりつつあります。日本経団連の主張はもはや「ベアなど論外、定昇も再検討」ということになっています。

現にサラリーマンの現金給与総額は、二〇〇一年五月から二〇〇二年十一月まで十九カ月連続で前年同期を下回っています（厚生労働省「毎月勤労統計調査」による）。さらに大手企業のボーナスも対前年同期比六・一％の大幅ダウンになっています（二〇〇二年五月「労務行政研究所」）。

これを人は「グローバル・スタンダード」といいます。日本企業は、国際競争の波にもまれ、どんどん世界標準に向かっており、人事制度だけが日本式を維持することはできないというわけです。こうしてサラリーマンの平均年収も、世界標準並みの三百万円前後になるという人までいます。

†国や行政もあなたを守ってくれない

しかし、これはサラリーマンからすれば「話が違うだろう」という気持ちではないでしょうか？　将来回収できると考えてきたからこそ、若い頃に割の合わない低賃金に甘んじて働いてきたのです。それが今になってリストラだなんて**「会社に使い捨てにされた！」**という気持ちを抱かざるを得ないのではないでしょうか。

これに追い打ちをかけるように、国や行政がやることもサラリーマンにつらい仕打ちばかりです。たとえば、医療費の自己負担は大きく引き上げられました。サラリーマンとその家族の医療費は、入院、外来とも三割負担となり、さらに保険料は賞与からも月給と同じ比率で納付しなければならなくなりました。

税負担も重くなっています。発泡酒とたばこに対する増税につづき、二〇〇四年一月からは、配偶者特別控除が廃止されます。これにより所得税の課税最低限は、これまでの三百八十四万円から三百二十五万円まで引き下げられます。これは、戦後はじめての本格的な所得税増税です。

このように行政すらサラリーマンを守るどころか、なんとか搾取してやろうと締めつけを厳しくしています。

†座して死を待つだけでいいのか?

ではサラリーマンは、こうした会社や国・行政の仕打ちに対してどのような対策をうっているでしょうか。

残念ながらどうすることもできずにじっと耐えているようです。むしろ必死に会社にしがみつこうとしています。

当たり前です。サラリーマンといえば、一家の大黒柱です。守らなければならない家族がいるのです。返さなければならない住宅ローンもあるのです。万が一、収入が途絶えるようなことがあれば、一家で路頭に迷わなければなりません。**家族を守るために、なりふり構わず会社にしがみつくしかない**のです。

こうしてますます不本意となる処遇に我慢することで、労働条件は悪くなっていきます。突然の転勤、人権を無視した雇用環境、折り合いの悪い上司にも甘んじることになるからです。滅私奉公の度合いはますます色濃くなります。

では、サラリーマンはこれまで怠けてきたために、こうした事態を招いたのでしょうか？　そんなことはありません。日本のサラリーマンは欧米から「働き蜂」と揶揄されるほど働いてきました。

†愚痴っていてもはじまらない、今すぐ動け

しかし、そこで得た知識や技術はそれぞれの会社や業界に固有のものでした。そこで築いた人脈は社内人脈であり、取引先との閉鎖的な関係でした。そうした知識、技術、人脈は、会社を一歩でたらほとんど役に立ちません。

資格のように証明できるわけでもありませんし、履歴書に書けるわけでもありません。労働市場では何の価値もないのです。まして勤め先で得た知識や人脈は、その会社や業界でしか通用しないものですから、それを使って起業することも容易ではありません。その結果、身動きがとれなくなっているのです。

しかしこれについてサラリーマンを責めることはできません。ついこの間まで、サラリ

ーマンには安定的な雇用と右肩上がりの収入が約束されていたのです。誰もが口では「いつかは一旗揚げてやるぞ」と言いつつも、結局六十歳の誕生日に花束を渡されて、温かく見送られて退社してきたのです。

だからこそ、社外では役に立たないと分かっていても、その会社固有の知識や技術、人脈を築いてきたのです。そして、それが会社の効率を高め日本の経済の原動力になってきたのも事実です。

ところが、突然ここにきて不況になり、会社から引導を渡されて職を失ったり、収入が減少する人が出てきたのです。「会社に裏切られた！」という思いを抱かざるを得ないのが本音だと思います。

ただ愚痴っていても何もはじまりません。もう誰も守ってくれない――。この現実を直視して、**今すぐ自衛すべきです**。この不安から目を背けず、果敢に行動を起こしてほしいと思います。

†間違いだらけのサラリーマンの不況対策

では、サラリーマンは具体的にどのような対策を講じればいいのでしょうか。それはこの不況下にあって本当にあなたを守ってくれるのでしょうか。ここでちょっと検証してみましょう。

間違い① 転職

たとえば、自衛のひとつの方法として転職があります。「ウチの会社は将来大丈夫だろうか?」という不安が大きくなれば、「会社を移りたい」と考えるのはもっともです。事実、そういう人が増えています。総務省が発表する労働力調査をみても「転職をしたい」ということで、実際に職探しをする人が増えつづけています。

しかし、残念ながら**転職市場は超氷河期**です。そう簡単に仕事がみつかるものではありません。かりに運良く決まっても年収は大幅に減少する、いわゆるワンランク下の転職が多いのです。厚生労働省が管轄する日本労働研究機構の調べでは、六割以上の人が転職後に収入が減るそうです。いまは人件費を削りたい企業側の買い手市場ですから無理もないことです。

また某転職支援会社の担当者によれば、転職したときの給与は「七五三が相場」だそうです。つまり転職後の給料は転職前と比べ「良くて七割、普通は五割、悪いと三割」に減るそうです。

それにまわりを見渡してみてください。いまや産業界は総負け組時代です。かつて勝ち組といわれた銀行、ゼネコンは軒並み崩壊寸前です。若い世代に人気のあった外資系企業の多くは、ＩＴバブルの崩壊などで日本支社を丸ごと切り捨てて本国に引き揚げました。昨今は、お役所までリストラをはじめる始末です。**いったい、どこに転職すればいいというのでしょうか。**

こんな状況下で苦労して就職活動をしたところで、働き口を見つけるのは**至難の業**であるばかりか、かりに就職先が見つかっても、次の会社で同じ不安にさいなまれる可能性もあります。

マスコミ、人事関連の専門家、人材派遣会社の担当者なども、サラリーマンが自分から行動を起こすことに対しては否定的です。そして「多少の減給や不本意な処遇にも、とにかく我慢してできるだけ会社にしがみつけ！」とアドバイスしています。

事実、退職金の額面の大きさに惹かれて早期退職制度に飛びついたものの、転職できずに苦労する人がたくさんいます。そういう人も後進に対しては「早まるな！　世間の風は冷たいぞ」と助言します。

今、不安にさらされているのは「特定の会社」ではなく**「会社勤め」という生き方**そのものなのです。

転職しても雇われ先こそ変わるものの、キャリアのリスク分散ができたわけではありません。所詮、一つの会社に依存して生きていることに変わりはなく、不安から逃れることはできないのです。

間違い② 資格

資格を取って有利に転職しようと考える人も多いようです。そのためどこの資格学校も、サラリーマンで大賑わいです。資格取得を目指す人の多くは「会社に何かあったとき、手に職があれば路頭に迷わずにすむ」と考えるようです。

これを「保険」という人もいます。私もサラリーマン時代に挑戦した一人ですから、資格を取得しようとする人の気持ちはよく分かります。

でもひとつだけ忠告すると、資格を取っただけで「何かあったときに仕事にありつける」というのは幻想です。そもそも就職を保証してくれる資格などないのです。医者や弁護士など特別な仕事ならともかく、それ以外の職で「この資格さえあれば大丈夫」などという資格はありません。ましてやパソコンや語学の資格などは、履歴書に書いたところで転職にはほとんど役立たないといわれています。

そもそも、今、労働市場には人材の募集そのものがないのです。そんななかで**資格など取ったところで気休めにしかなりません。**

「いや、俺は資格を利用して独立開業するつもりだ」という方もいるでしょう。もちろん資格を取って、専門家として独立することは十分考えられます。

ところがよくよく聞いてみると、こういう方は「資格を取ればお客さんがとれる」と思っている人が多いようです。

でも、これは大きな間違いです。資格を持っただけで、お客さんが集まってくるわけではありません。お客さんを開拓するためには、営業活動や販促活動が必要になります。

第一、資格の取得まで何年も勉強をする間に会社がなくなるかもしれませんし、リストラされるかもしれません。そのときにはどうするのでしょうか。

間違い③ 副業

昨今のせちがらい世相を反映してか、副業もサラリーマンのあいだで大人気です。最近、雑誌や新聞、テレビまでもが「サラリーマンの副業」をテーマに特集を組んでいます。

ライフデザイン研究所が二〇〇二年一月に発表した統計によると、サラリーマンの三割が副業経験者、一割ちかい人が今でも副業をしているといいます。職種は、塾講師、コンビニやファーストフードの店員、居酒屋のウェイター、ガードマンなど、いわゆるアルバイトとよばれる職種です。

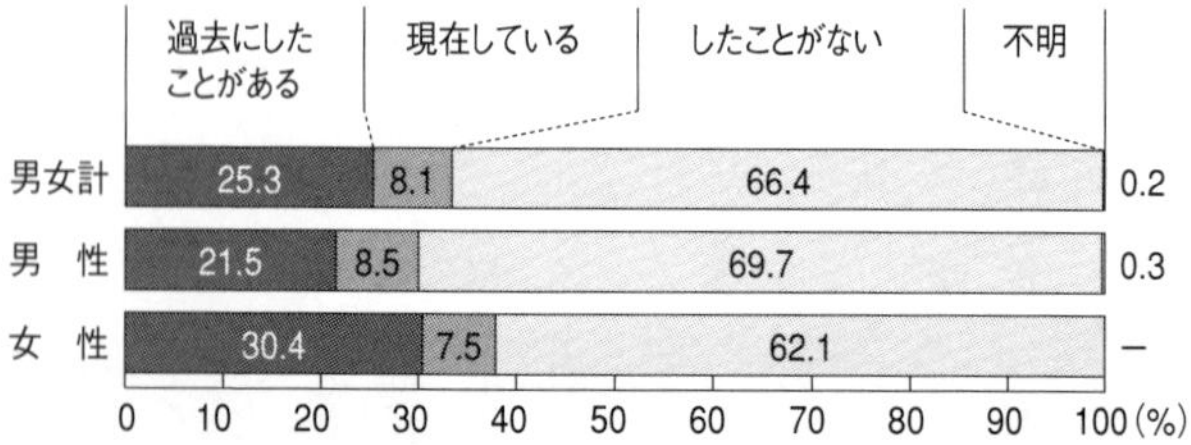

出所：ライフデザイン研究所

図表2　サラリーマン・OLのアルバイト経験

一方、八割以上の会社が副業を禁止しています。つまり家計防衛のために皆さん会社に隠れて副業をして給料を補塡しているのです。

これは某大手ファーストフードチェーンの人事担当者に聞いた話ですが、今やＯＬやサラリーマンは、ファーストフード店など外食産業の戦力として欠かせない存在だそうです。とくに、ゴールデンウィークやお正月などバイト学生を集めづらい時期は、サラリーマンは戦力としてなくてはならない存在だそうです。

これを受け、最近は人材派遣会社も五時以降と週末だけ働ける人材、つまり副業専門の人材を積極的に募集しています。

もちろん副業をすれば確実にお金になります。ですから当面の資金繰りには有効です。しかしこれを育てて、いずれ大きく稼ぐということはできません。

なぜなら、**副業は「時間の切り売り」にすぎない**からで

(%)

	20代	30代	40代	50代
男性	29.3	17.7	31.9	41.6
女性	33.3	42.9	43.8	32.5

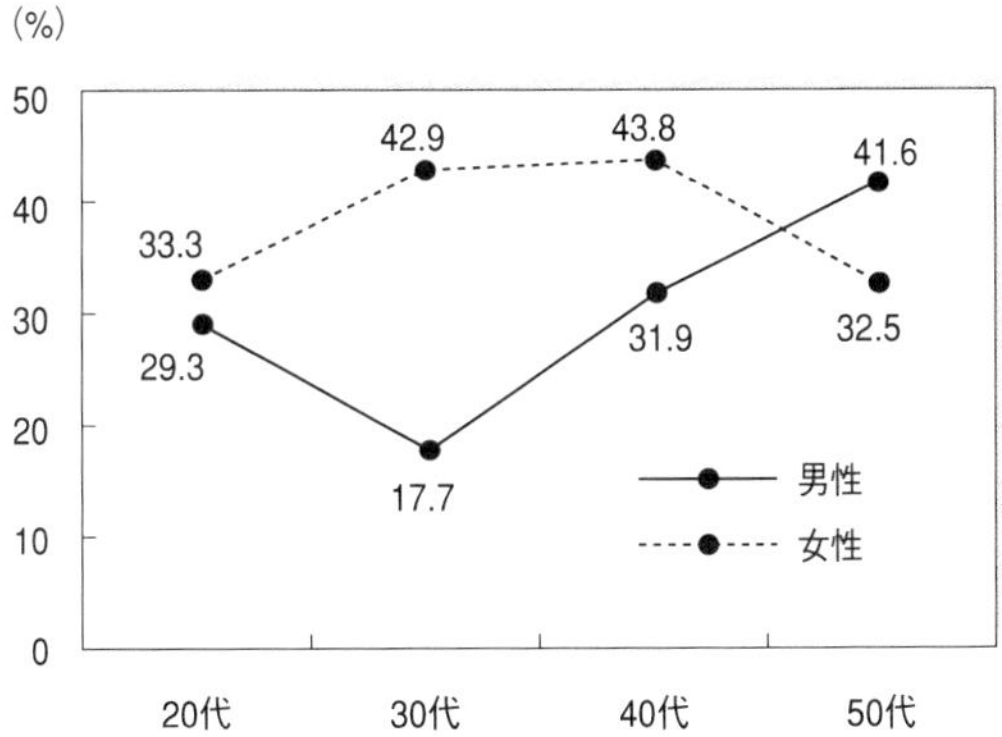

出所：ライフデザイン研究所

図表3　過去にアルバイトをしたことがある会社員の割合

す。

そのため時間×時給以上には絶対に稼げません。現に副業に関する調査では、副業をするサラリーマンの平均収入は月額三万円くらいしか稼げていないのが実情です（『週刊ダイヤモンド』二〇〇二年十月十二日号）。

またアルバイトの仕事は、割に合わないものばかりです。そりゃ、そうでしょう。自分でやったら割に合わないからこそアルバイトに頼むのです。この人余りのご時世に、割に合う仕事なら、働き手をわざわざ募集広告まで出して探しません。そんな仕事があったら、社員や親しい人、さもなければ自分でやるでしょう。

一方、そのわずかなお金と引き換えに失うもの、これは決して小さくありません。副業とは時間と体力という、あなたの財産を切り売りしてお金を得るようなものです。家族とのコミュニケーションがなくなる、疲れる、もしかしたら病気になってしまうかもしれません。

そしてよく考えてください。副業はどんなにがんばっても、何年つづけても、副業でしかありません。かりに今の本業の職場を失うようなことがあったら、残るのは「フリーター」という肩書きだけです。

間違い④　独立開業

このように考えると、サラリーマンが自衛のために起こす行動としては、転職も副業も適当ではありません。資格も転職の武器にするつもりなら同じことです。結局、転職も、副業も会社に依存して生きていることに変わりないからです。

くり返しますが、いま不安にさらされているのは「雇われる」という生き方です。ところが、先にあげた「転職する」「副業をする」という対応は、いずれも「雇われる」ことからの脱却ではなく、「雇われ先」を変えることにすぎないのです。だから不安から逃れるための抜本的な解決策にはならないのです。

つまり不安から解放されるためには、会社への依存から脱却するしかないのです。雇われる生き方から、自立するしかないのです。すなわち独立開業です。

だからといって「さぁ、会社を飛び出せ」などという無責任なアドバイスを、私は言いたくありません。それは**今まで泳ぎ方を教わったこともない人に「海に飛び込め」というようなもの**だからです。あまりに危険です。

独立開業（いわゆる起業）は、いま手にしている安定収入を手放し借金をして、ゼロからスタートすることです。失敗すれば一家で路頭に迷います。ましてこの不況です。「とにかくやってみよう！」なんて、いくらなんでも危なすぎます。

起業家の世界は決して甘くありません。サラリーマンとはまったく異質な世界です。すべて自分でやらなければなりませんし、売上げがなければ収入もゼロです。また銀行の預金残高をいつも気にしなければなりません。

一瞬でもキャッシュフローがなくなれば、たとえ儲かっていても倒産します。詐欺も横行していますし、本人が気づかないうちに法律を犯していることもあります。それでも責任はすべて自分です。「知らなかった」では済まされないのです。

「サラリーマンもリスクをとって会社から飛び出そう！」なんて無責任なことをいう人が世の中にはたくさんいます。最近は国や行政までもが開業数を増やし、失業率を下げる妙薬として制度や税制を変えてサラリーマンの起業を煽ります。

しかし、周囲がどんなに起業をもてはやし、煽ろうとも、サラリーマンを辞めて起業家に転じる人はほとんどいません。あなたの同僚にも起業した人はほとんどいないと思います。

理由は、リスクが高すぎるからです。多くのサラリーマンには家族がいて、住宅ローンがあるのです。リスクはとれません。だから、笛を吹いても踊らされないのです。

†自分のキャリアに自信をもとう

リスクが高いことに加えて、世にいう独立開業には問題があります。今の安定した生活をリスクにさらすほどの魅力が感じられないことです。

もちろん一国一城の主、自由、ベンツで通勤といったライフスタイルには（それが本当かどうかは別として）、憧れがあるかもしれません。でも彼らがやっている仕事は、あなたの心を捉えるほど魅力的でしょうか。

書店にいけば、起業のノウハウ本が山のように置いてあります。試しに手にしてみてください。また全国の地方自治体や商工会議所が、しきりに無料の起業セミナーを開いていますので、そちらを覗いてみるのもいいでしょう。

そこで紹介される起業家たちの仕事は、ラーメン屋、カレー屋、コンビニ店長、塾講師などをはじめとした、いわゆるフランチャイズと呼ばれるものや、喫茶店、古着屋、雑貨屋などです。あなたは、本当にこういう仕事をやりたいと思うでしょうか？

もちろん、こういう仕事を否定するつもりはまったくありません。「俺はラーメン屋の店長がやりたかったんだ」という人もいるでしょう。そういう人は、ラーメン屋で新たな道を拓けばいいと思います。

でも、あなたを含めて、ほとんどのサラリーマンは、違うのではないでしょうか？ 世で語られる「起業＝フランチャイズ経営」という図式をみて、こう思うのではないでしょうか。

「今さらラーメン屋……？ 俺がこれまで積んできたキャリアはいったい何だったんだ！」

これに対して、先輩起業家はこういうかもしれません。

「甘い！ エセエリート意識は捨てろ！」

でも、**自分のキャリアにプライドを持つことは、そんなにいけないことでしょうか？**

「これまで培ってきたキャリア、週末に取り組んできた趣味や特技を活かして、それをテーマに人生を賭けてみたい」

これは間違った考え方なのでしょうか。会社から独立するには、その代償として「やりがい」を犠牲にするしかないのでしょうか。独立とやりがいの両方を追求することは許されないのでしょうか。

私は、まったくそうは思いません。むしろ、そういうことこそ起業で実践すべきだと思います。そのプライドこそ起業の原動力にすべきだと思います。

ところが、世で語られる起業ノウハウは、自分がたいして好きになれそうもない、これまでのキャリアや人生を完全に否定するような飲食店や小売店の店長、また塾の講師くらいしか提示できません。「会社から自由になれるのだ。つべこべ言うな」といわんばかりです。

ましてや起業です。リスクをとって人生をかけるのです。その見返りとして得られる果実が、こんな程度のことなら、誰も行動しないのはもっともです。

「こんなことをやるなら、今の会社に残るほうがずっとやりがいのある仕事ができそうだ」

かくして、多くのサラリーマンが、起業という生き方にあこがれを抱きつつも、起業を自分のこととして考えようとしないのです。

週末起業なら「安定」と「夢」を両立できる！

ここまで不況に対する対策をいくつか検証してみました。どれも不況の不安に対する本質的な解決策にはなり得ないことがお分かりいただけたと思います。やはり会社を安易に飛び出さないことが大事なようです。

ただ、すでに述べたとおり、会社にしがみつくだけでは本質的な解決にはなりません。所詮はその場しのぎで、根本的な解決策とはいえません。くり返しになりますが、すでに述べたとおり年間百万人以上のサラリーマンが、リストラや倒産で否応なく職を失っているのです。いくら自分が会社にしがみつきたくても、いつまでも会社にいられる保証はどこにもないのです。

それにいくら家計を守るためとはいえ、会社にしがみつくだけの人生であなたは満足でしょうか。誇りを保ちつづけられるでしょうか。

一度しかない人生です。しかも多くのサラリーマンにとって今という時間は、人生のなかで最も脂ののった、かけがえのない時期にあたるはずです。にもかかわらず、サラリーマンとは、そのかけがえのない今を、生活防衛のために会社にしがみつくことしか許されない、悲しい存在なのでしょうか？

私はそうは思いません。

唯一無二の人生、そして大事な時間だからこそ、自分の好きなことをして、ワクワクして過ごすべきだと思います。二、三日くらい寝なくても平気なほど好きなこと、お金を払ってでもやりたいことを見つけて、とことんやるべきだと思います。当然その権利があると思います。

では、この不況下で、そんなことができるのでしょうか？　現在の安定したポジションを維持しつつ、会社に万が一のことがあったときにも備え、かつワクワクしながら毎日を過ごす、そんな都合のいい処方箋が存在するのでしょうか？

実はあるのです。それが本書のテーマ「**週末起業**」です。これは**会社を辞めず、お金もかけず、自分の好きなことで起業**してしまうことです。これなら失うモノはほとんどありませんし毎日楽しく過ごせます。

「さあ起業だ！」と、一時的な勢いで会社を辞めてしまうと、その日から収入が途絶えてしまいます。これはこのご時世ではたいへんなリスクです。だから会社を辞めずにはじめるのです。

「本当にそんなことができるの？」とお思いになる読者もいるかもしれません。これに対して私は、胸を張って「できる」と申し上げます。なぜなら私自身ができたからです。

ここで恥ずかしながら、私の経験をご紹介しましょう。

†かつて私も週末起業家だった

私は、今でこそこうして本など書いていますが、ほんの数年前まではサラリーマンでした。毎日一時間、満員電車に揺られて通勤し、朝九時から夜遅くまで残業して働いていました。不況下にもかかわらず厳しいノルマを課せられ、業績もほとんど上がらず、悩んでいました。

そんななか、会社は賃金引き下げを断行するわ、古参の社員はポストを独占して出世の邪魔をするわと、絶望的な境遇に置かれていました。

ところが、週末起業をきっかけに独立開業を果たしました。職種は以前から憧れていた経営コンサルタントです。今では、都心に事務所を構え、複数のスタッフと働いています。自分の会社ですから出社時間は自由、おかげで満員電車とも無縁になりました。

そのきっかけを私に与えてくれたのが、この週末起業だったのです。

†ぬるま湯にどっぷり浸かっていたサラリーマン時代

私は、いわゆる〝バブル採用〟といわれる世代です。しかも金融系の会社で、激務という理由で最も人気がなかった営業職に配属されました。

それでも入社したころは物がよく売れ、営業という仕事にやりがいすら感じていました。また接待と称して、会社のお金で飲み食いできましたし、終電がなくなればタクシーで家に帰ることもできました。世の中は私たちのような若いサラリーマンをヤングエグゼクティブ（完全な死語になりました）などと呼び、私たちもそのおだてに乗せられて勘違いしていました。

「サラリーマンって結構おいしいかも」とまじめに思っていました。他の会社もだいたいそんな感じで、いま思えば古き良き時代だったように思います。

ところがバブルが弾け、またたく間に物が売れなくなりました。これまで「潰れるはずがない」といわれてきた企業や銀行までもが、ばたばた潰れはじめました。このあたりの状況はあえて説明するまでもないでしょう。こうしてだんだん不安になってきました。

私は、そんな不安から一刻も早く逃れたくて、資格を取りました。それは、「中小企業診断士」という資格です。

なんとか試験に合格し、いよいよ中小企業診断士の資格を活かして経営コンサルタントという仕事で、会社から独立することを画策しました。

ところが、心ある先輩コンサルタントが、これに「待った」をかけました。「資格を持っているだけで、いきなり独立など無理だ。独立の前に、サラリーマンをやりながらはじめてみて、顧客開拓しておいたほうがいい」と忠告してくれたのです。

私は「それもそうだな」と思い直し、しばらく会社を辞めずに、週末と夜だけ経営コンサルタントをすることにしました。

いま思えば、このときの忠告は本当に重要でした。「もし、あのとき一思いに独立していたら……」と考えると背筋が寒くなります。

なぜなら、私は週末だけとはいえ、実際に経営コンサルタントという仕事をはじめてみて、自分がいかに甘く、そして世の中がいかに厳しいかを思い知らされることになったからです。

†地獄だった駆け出しコンサルタント時代

経営コンサルタントは、医者や弁護士と同じように、自分から売り込みができない仕事といわれています。なぜなら、誰しも人気のある引っ張りだこの先生に、コンサルティングをお願いしたいと考えるからです。売り込まないと仕事がないような先生には、誰も仕事を頼みたくないというわけです。

そのため、経営コンサルタントの顧客開拓とは、講演会の講師をしたり、雑誌に記事を載せたり、本を書いたりすることになります。こうして興味を持った社長さんに問い合わせてもらい、お客さんになってもらうのです。

そこで、私はまず講演会を開こうと、あちこちに自分のプロフィールを送りまくりました。もちろん平日はサラリーマンであることは、申し訳ないと思いながらも伏せていました。

このときに送った手紙は、百通以上にのぼります。これに対する反応は、たった一件でした。しかも「資料をくれ」という問合せだけで、コンサルティングの成約には至りませんでした。

また、雑誌に原稿を載せるために出版社を回りました。雑誌の裏表紙にある電話番号に電話をかけまくるのです。しかし露骨に居留守を使われたり、なんだかんだと言い訳をされたりして、電話の段階で断られました。

当時の私のように、自分で仕事を取れないコンサルタントに残された選択肢は二つです。ひとつは、コンサルティング会社に就職してサラリーマン・コンサルタントになること。

もうひとつは、他のコンサルタントのおこぼれに与《あずか》ることです。

私の場合、まだサラリーマンでしたので、他の会社に就職するわけにいかず、他のコンサルタントの仕事をもらうしかありませんでした。

ところが、これもひどい仕事ばかりでした。たとえば、マーケティング調査と称して、スーパーの冷蔵庫の在庫を定期的に数えるのです。買い物途中のおばさんたちに邪魔者扱いされながら、一日中冷蔵庫に手を突っ込んで数えます。手が凍りつきました。

真冬の商店街に立って、一日中、来店者の数を数えたこともあります。余談ですが、これと同じアルバイトを求人欄で見つけ、その募集条件が「高校生以上」となっていたのを見て、「自分は、資格まで取って高校生のアルバイトと同じ仕事をしているのか」とがっくりきました。

こんなひどい仕事なのに、お金がもらえればいいほうで、なかには指導料と称して、お金を取るコンサルタントまでいました。

私に仕事を頼んだコンサルタントのほうは、集めたデータをもとに報告書を書き、多額の報酬を得るばかりか、ますます自分の名前を広めていきます。まさに**「金持ちコンサルタント、貧乏コンサルタント」**という感じでした。

結局、こんな感じで経営コンサルタントとは名ばかりの仕事を、土日返上で、体を壊すほどこなして、副収入はようやく月額にして二万円くらい、時給に換算すると二百円以下でした。このときばかりは、情けなくて涙が出てきました。

それでも私は、平日はサラリーマンとして働いていたために、一カ月にいちどは給料がもらえ、生活を維持することができました。また「そりゃ、ないだろう」と思うような理不尽な仕事は、きっぱり断ることができました。だからこそ、あのつらい時期を乗り切ることができたのです。

一方、一緒にこうした仕事をやっていた診断士の仲間の多くは、すでに脱サラしていました。そのためどんな仕事でも、糊口をしのぐために、やむを得ずやっていました。

彼らは他のコンサルタントからもらうこうした仕事だけではとても食べていけず、かといって自分で仕事をとることもできず、ガードマンや郵便の仕分け、居酒屋、保険の外交などをして、生活を支えていました。

結局、そちらのアルバイトの疲れがたまり、肝心の経営コンサルティングの仕事と両立できなくなり、しまいには顔をださなくなり、消えていきました。

おそらく私も、資格取得後にいきなり独立していたら、家族を食べさせていくために、同じ道をたどらざるを得なかったことでしょう。

†メールマガジンが起爆剤に

結局、私は運よくこうした苦境から逃れることができました。そのきっかけとなったのは、一通のeメールです。

それは、突然送られてきました。そこには「あなたの**メールマガジン**を読んだのだが、いちど会えないだろうか」というものでした。送り主をみると、誰もが知っている超メジャー級のビジネス系の雑誌出版社でした。

メールマガジンとは、自分が書いた文章を「読みたい」という人に定期的にeメールを利用して送るものです。「まぐまぐ」などのeメール発行サービスを使うことで、誰でも無料で発行することができます。書く手間がたいへんなので、読む人ほど書き手はいません。

ところが私には、出版社でボツにされた原稿が山のようにありました。「これをこのまま葬るのはもったいない、せめて誰かに読んでもらえるなら」ということで、慰みにメールマガジンを発行していました。

「会いたい」といってきた出版社にいくと「いやあ、あなたのメールマガジン面白いですね」ということになり、その場で連載が決まりました。メールマガジンが雑誌の連載になったのです。

　すると今度は「連載を読んだ」というセミナーを企画する会社から、講演依頼がきました。また、雑誌社からも取材が入るようになりました。「ぜひ会いたい」といってきた出版社のなかには、私に門前払いを食らわせた会社も含まれていました。

　こうなると、あとは面白いようにことが運びました。私の講演を聞きに来た企業から、コンサルティングの要請が入るようになりました。

　こうして放っておいても仕事が来るようになりました。いつしかサラリーマンでありながら、気がつくと本業とほぼ同額の**「複」収入**を稼ぐまでになっていました。

　こうして顧客獲得ルートと顧客を開拓したうえで、無事、独立開業を果たすことができました。おかげで脱サラした年から、サラリーマン時代の収入を大きく上回ることができたのです。

†自分の「好きなこと」をビジネスに

　こういうと「あなたの場合は、資格があったから成功したんでしょう」という人がいるかもしれません。しかしこれは間違いです。資格があったにもかかわらず、たくさんの仲間が消えていったことは、すでにご紹介したとおりです。

著者が主宰する「週末起業セミナー」の光景。多くのサラリーマンやサラリーウーマンが週末起業をはじめている。

それに私はメールマガジンで自分の経歴を公開していませんでした。だから出版社の担当者は私が資格ホルダーであることを知りませんでした。はっきりいいますが、私を救ってくれたのは資格なんかでなく、メールマガジンです。

また、「二足のわらじを履いて成功したのは、経営コンサルタントという職種だったからで、それは特殊な例でしょう」という人もいるかもしれません。それも違います。たしかにここで紹介した例は、たまたま私のケースなので、経営コンサルタントという職種でした。ただ、他にも二足のわらじを履いて稼ぐ人はたくさんいます。そういう人たちの業種は、実に多岐にわたります。

私は自分が二足のわらじを履き、多額の複

収入を得るようになってから、その効果に驚くとともに、これを他人にも勧めたいと思うようになりました。そしてまず自分のようなやり方をしている人が他にもいるに違いないと考え、いろいろ調べたのです。

その結果、その予想が的中していることが分かりました。この世の中には、会社に勤めながらも、自分の趣味や、特技を生かして、週末に自分のビジネスをしている人が、ごろごろいることが分かったのです。たとえば、

・インターネットを使って趣味のカメラや鉄道模型を売る人
・趣味の自転車で得た自転車修理の技術を人に教える学校を開校した人
・自分が作曲した曲を、自分でCD化して販売している人
・結婚式の司会の副業がこうじて、司会者派遣業をはじめた人
・夜景鑑賞で得た知識を生かして夜景評論家と称している人

などです。

しかも皆さん、現役のサラリーマンです。なかには本業の年収と同じくらい稼いでいる人もいます。こうした人が、それこそいくらでもいることが分かったのです。

会社を辞めずに、週末などを利用して二重生活をしていること以外に、彼らに共通していたのは、

・お金をかけずにはじめたこと
・インターネットを駆使していること

などです。

そして何より大事なことは、**自分の大好きなことをビジネスにしている**ことです。彼らは、私と違い資格取得という回りくどいことはしませんでした。むしろ、その時間を「自分がすでに持っているものを、どうしたらお金に変えられるのか」を考えることにあてて、結果的にそこからお金を生み出すことに成功していたのです。

私は「これは、多くのビジネスパーソンの生き方のヒントになるに違いない」と確信しました。そこで彼らの起業スタイルを「週末起業」と名づけ、すでにこの週末起業で成功している人たちがどのように成功したのかを研究、体系化し、皆さんにお伝えすることにしたのです。

第二章

これが週末起業の醍醐味だ

†ローリスク・ローコストではじめよう

第一章では、週末起業を不況対策として取り上げました。週末起業をすれば、あなたはキャリアのリスクを分散することができます。ですからこれが強力な不況対策になることは確かです。

しかし週末起業の魅力は、たんなる「サラリーマンの不況対策」にとどまりません。本当の魅力は、「リスクをとらず、元手を準備することもなく、起業というきわめて**エキサイティングなライフスタイル**を、簡単に手にすることができる」ところにあるのです。

これまで起業といえば、家族を路頭に迷わすリスクを負い、清水の舞台から飛び降りるほどの一大決心でした。そのため、起業に憧れがありながらも、お金がない、人脈がない、まだ準備ができていないといった理由から、先延ばしにせざるを得ない人も多かったと思います。しかし週末起業なら、誰でもその気にさえなれば、明日からでもはじめることができます。ここで週末起業をするとどんなメリットがあるのかについて、順にご紹介していきましょう。

†週末は社長になれる

「いちどきりの人生、いちどは社長になってみたい」

「いずれは会社を起こしたい」

そんなふうに考えるサラリーマンは、意外にたくさんいます。「自分のやりたいことを、自分の采配で、思いどおりにやってみたい」。そんな想いは誰にでもあるからです。

もちろん失敗したときの責任は自分で負うことになります。それでも「自分の信念にしたがって気が済むまで仕事をしてみたい」と、あなたもそんなふうに思ったことがあるはずです。

私自身、サラリーマンをしていて何がつらかったかといえば、自分の思いどおりに仕事ができなかったことです。たとえば、自分がゼロから立ち上げ育ててきた仕事を「さあ、これから」というところで転勤や配転、担当替えになり、取り上げられたことがあります。また上司の命令というだけの理由で、明らかに失敗するだろうということをやらされたりもしました。

私にはそれが耐えがたい屈辱に感じられ、また苦痛でした。もちろん、説得を試みたことはありました。けれどもそういうときは、「会社は正論だけで動くものではない」と論されるのがオチでした。

こうした経験は、どれも**サラリーマンであれば「当たり前のこと」**であり、むしろ読者の方からお叱りを受けそうです。それが**組織の論理**というものであり、「それが嫌なら辞めろ」ということなのでしょう。よく上司にもそう言われました（だから辞めたのですが……）。

しかし、私とて安易に会社を飛び出せたわけではありません。すでに説明したとおり、世の中は甘くありませんし、最初は一筋縄にはいきませんでした。

ましてやこのご時世です。起業の「リスク」の高さに比べたら「多少のことは我慢して働くほうが得策」と考えるのが、多くのサラリーマンの本音だと思います。

しかし、もしサラリーマンを辞めずに、自分の思いどおりに仕事をしたいという気持ちを満たせるなら「ぜひやってみたい」と思う人も多いはずです。だからこそ私は週末起業をお勧めしたいのです。

週末起業では、土曜日と日曜日、それと休日だけは起業家になれます。週にたった二日では少ないと感じるかもしれませんが、まったく経験せずに人生を終えてしまうよりずっとマシです。その間は、起業家になって、自分のやりたいことを、何のしがらみもなく、思う存分やってみることができるのです。

†「楽しくて、寝てなんかいられない」

今では多くの会社が週休二日制を導入しています。あなたはその二日間をどのように過ごしているでしょうか？

家族とレジャーや買い物に出かける、親戚の家にでかける、昼まで寝ている、趣味にあてるなどいろいろあるでしょう。いずれにしても、思い思いの過ごし方をしているはずです。

では、それは「あなたの本当にやりたいこと」といえるでしょうか。ひょっとして他にやることがないからそうしていただけかもしれません。たとえば「休みの日は寝て過ごす」という方は、早く起きるほど価値のある楽しいことに出会っていないだけかもしれません。

私は、仕事柄たくさんの起業家に会います。意外かもしれませんが、彼らはたいてい早起きです。朝は四時とか五時に起きている人が多いのです。起業家には就業時間などないわけで、自分が好きなだけ寝ていてもよいのですが、朝は一様に早いのです。

同時にハードワーカーでもあります。週末起業家はもちろん、会社を辞めたいわゆる起業家でも、土・日関係なく働く人が多いのです。なかには「もう何年も休みを取ったことがない」という強者《つわもの》さえいます。

それに対して、周囲は「すごいですね」と驚嘆とも哀れみともとれる声をあげます。私も週末起業をはじめる前のサラリーマン時代には、心から「起業家ってたいへんだなあ」と思っていました。

実はそういわれて違和感を覚えているのが、当の起業家たちです。なぜなら彼らには、眠い目をこすりながらがんばっているとか、休みを返上しているという感覚がないからです。彼らが休まないのは、忙しくて時間が確保できないとか、休み返上で働かなくては仕事が終わらないという理由ではなく、ワクワクして寝てなんかいられないからです。

だから「いやーほとんど寝ていませんよ」と言う起業家の顔は、はつらつとしているのです。

かくいう私も週末起業をはじめてからというもの、休みはほとんど取らなくなりました。月に一日休めばいいということもありました。しかし、まったく苦ではありませんでした。それはあくまでも好きでやっていることだからです。本音では「できることならもっともっと働きたい」とさえ思っていました。

起業すると仕事が楽しくて、寝てなんかいられないのです。

もっと正確にいうならば、仕事が仕事ではなく、娯楽のようになってきます。これは私にとってパラダイムシフトでした。

週末起業であなたは週末だけですが起業家になります。こんな「寝てなんかいられないほど楽しい週末」をぜひ体験してもらいたいと思います。

†副収入で生活が安定する

週末起業はビジネスですから、当然、収入が得られます。だから、万が一、いま勤めている会社に異変があった場合でも、リスク・ヘッジできます。これは第一章で指摘したとおりです。

しかもそこで得られる収入は、アルバイトで得るような一カ月あたり数万円という金額にとどまりません。うまくいくと毎月数十万円の現金収入を得ることも可能です。実際にそれだけ稼いでいる人もいます。

もちろん稼ぐのは自分の力量次第ですから、まったく稼げないこともあり得ます。さらにひどい場合、持ち出し（といってもたかが知れていますが……）になります。しかし、やり方次第では、それだけで食べていけるほどの収入を得ることもできます。

では、なぜ週末起業はアルバイトに比べて大きな収入を得ることができるのでしょうか？　それは週末起業が、起業、つまり自分で事業を起こすことだからです。自分で起こすのですから、**自分の好きなように組み立てることができる**のです。

たとえば自分が得意なこと、やりたいこと、儲かることだけを担当して、苦手なこと、やりたくないことは、ほかの人にお金を払ってやってもらうことができます。お願いする相手は、いちばん安く引き受けてくれそうな相手を見つけてくればいいのです。

反対に、いわゆる副業でやるアルバイトが儲からないのは、そのいちばん安く、いちばん大変で、いちばん割に合わない仕事を、自分から手を挙げてやらせてもらうことだからです。

自分で仕事をデザインせずに、他人のビジネスの末端で、誰にでもできる単純な仕事をすることを選ぶのですから、当然そうなります。前に述べたとおり、アルバイトの仕事は割に合わないからこそ、わざわざ募集広告まで出してやり手を捜すわけです。

そのかわり、やればやった分、必ず翌月に収入を得ることができます。だからもしあなたが毎月数万円程度の、ただし確実な収入補塡だけを望むなら、アルバイトのほうが向いているのかもしれません。

でも、もしあなたがそれよりもずっと大きな収入を望み、かつそれを将来に向けてどんどん大きく育てていきたいと考えるなら、自分がビジネスをデザインする側に回ったほうが、よほどうまくいくと思います。

なお、そこまでいかなくとも、何か趣味をやっていて「なんとか趣味に必要なコストくらいは、趣味から捻出できないものか」と考える人もいるかもしれません。実際、趣味のなかにはものすごくお金のかかるものがあるのも事実です。そういう人は趣味をビジネスにすれば、趣味に要する費用を捻出することができるかもしれません。

ある週末起業家の場合は、映画の撮影が趣味で、カメラなどの撮影機器に数百万を投じていました。彼はその費用を捻出するために、週末は結婚式をはじめとするイベントやセミナーの撮影などを引き受けることにしました。結果、月額にして二十万円程度の収入を得ることになりました。

詳しくは次の章で説明しますが、このように趣味をビジネスにしたほうが、むしろ週末起業はうまくいくことが多いようです。

†人脈が広がる

週末起業をすると人脈が広がります。活動の領域がもうひとつ増えること、そしてつき合う人間が本業とはまったく異なる業界や地域の人になるからです。

私の場合も、週末起業で経営コンサルタントをしていましたので、金融関連の会社で営業をしているときにはまったくおつき合いのなかった中小企業の経営者や、他の経営コンサルタント、また東京以外の商業圏の方々、さらに出版社・セミナー会社の方などとおつき合いをするようになりました。そのなかにはたんなるビジネスのつき合いを超え、プライベートのつき合いにまで発展した人もいます。

一般に、週末起業は会社の人に知られないようにはじめます。そのため最初は孤独な活動になります。

ところが、いったんビジネスが軌道に乗りはじめると、徐々に知り合いが増えてきます。やがてお互いに「どこかでお会いしましょう」ということになり、知らず知らずのうちに人脈が広がっていきます。

会社に長く勤めていると「○○会社○○部の○○」という具合に、自分の名前によけいな形容詞がつくようになります。そしてこうした名前だけを長く使っているうちに、自分自身でもその肩書きをつけなければ、自分が何者なのかが分からなくなってきます。

ところが週末起業をすると、**会社の外にもどんどん人脈が増えます**。するとこうした肩書き抜きでつき合う人が増えていきます。これは最高に楽しいことです。

また、会社があてにならない昨今、この人脈が頼りになることもあります。私の知人は勤めている会社が倒産してしまい途方に暮れていたところ、週末起業時代にコンサルティングしていた会社の経営者に声をかけられ企画部の管理職として雇われることになりました。

私の場合も、独立開業したときにたくさんの方々に応援していただきましたが、皆さん週末起業時代からおつき合いをさせていただいていた方々でした。

不思議と独立してからは、以前の勤務先とは疎遠になってしまいました。別にけんか別れをしたわけではありませんが、まったく違う業界で起業したために交流がほとんどなくなったのです。結局、仕事の切れ目が縁の切れ目、仕事あってのつき合いだったのだなあと思うと、寂しいような、すがすがしいような、複雑な想いです。

もしあなたが「いずれ独立開業したい」と考えるなら、なおさら会社にいるあいだに週末起業をして人脈を築き、その人脈を大事にしておくことをお勧めします。独立当時に降りかかる苦境からあなたを救ってくれるのは、きっと週末起業で築く人脈だからです。

†本業にもプラス効果をもたらす

多くの人が告白していることですが、実は週末起業をすると本業にもプラスの効果が現れはじめます。

まず、すでにご紹介したとおり、週末起業を通じて社外にさまざまな人脈が築けます。これが本業の思わぬところで役立つことがあります。

たとえば、私は週末起業で、ある経営者に雑誌のインタビューを申し込んだことがあります。そのとき応じていただいた経営者と意気投合し、後日、本業の件でもお会いいただいたことがあります。その方は、普通のサラリーマン生活ではとても会えない方だったために、同僚から驚かれました。結局それがきっかけで、当時勤めていた会社の契約に結びつけた経験があります。

「学生時代の人脈が本業に活きた」「親の人脈で出世した」という人がいますが、それと同じように週末起業の人脈も、遠慮なく本業にどんどん活かせばいいと思います。

また、週末起業で得た知識や経験が役立つこともあります。

サラリーマンは一般に組織の一部を担当しています。そのため長年勤めたつもりでも、経験のない業務に関しては案外無知だったり、センスがなかったりします。

たとえば、サービス業の社員でありながら、顧客との接点を持たない仕事を長年やったためにびっくりするくらい官僚的な人がいます。また、入社以来ずっと営業ばかりやっていた方のなかには、管理職になってもまったくコスト意識がない人がいます。

一方、週末起業をやると仕入れから販促、顧客獲得から顧客対応、さらに代金回収から帳簿付けまで、すべて自分でやらざるを得ません。そのため**ビジネスをトータルに捉える感覚を身につける**ことができるのです。

企業のなかにはこうした感覚を社員に身につけさせるために、わざわざ若いうちに支店を任せたりします。週末起業では、こうした感覚をみずから養うことができるのです。

私もサラリーマン時代にはずっと営業職だったため、中小企業診断士の勉強をはじめるまでは財務諸表や貸借対照表がまるで読めませんでした。しかしそれを資格の勉強で身につけ、さらに週末起業の業務のなかで帳簿付けなどをして実践するうちに、理解が深まりました。この知識は、勤め先の業務をトータルに理解するうえで大いに役立ちました。

ある週末起業家は、自分の週末起業を会社に認めてもらおうと、思い切って社長に話したところ、「それは面白い」ということになり、むしろそれを会社として積極的に後押ししようということになったそうです。

会社としては、彼の週末起業を応援することで「社員の自立をサポートするユニークな会社」として対外的にアピールできるという思惑があるようです。このように週末起業は、期せずして本業に役立つことがよくあります。

ソニーの出井会長は、その著書『ＯＮとＯＦＦ』（新潮社）のなかで、会社以外の人と交流して幅広い知識を身につけた人が、これからの知識社会で活躍する人材だと述べています。こういう人は話題が豊富なため、社内でも人を引きつけやすく、また発想力も豊かです。**社外で蓄積したものが、本業の仕事にも環流**して良い循環が生み出されるというのです。

少なくとも、週末起業をすると、むしろ皆さん本業もがんばる傾向にあります。週末起業をしたために本業がおろそかになったら困るからです。そのため以前より早く出社したり、これまでダラダラやっていた仕事を効率的に済ませたりして、逆に評価を高める人が多いのです。

†家族・地域の人との交流が深まる

週末起業で家族や地域社会との絆を深める人もいます。ある週末起業家はインターネットの趣味を活かして、奥様が趣味でつくった陶芸作品をインターネットを利用して売っています。奥様が製造担当、ご主人がウェブマスターと顧客対応というわけです。これにより夫婦の会話も増え、さらに以前よりお互いの趣味への理解も深まったといいます。

また、オンラインショップを経営するある週末起業家は、お小遣いをあげて商品の梱包をすべてお子さんにやらせるそうです。これにより子どもの起業マインドが育まれることを期待しているそうです。

私も子どものころそうでしたが、サラリーマンの父親の仕事は子どもには分かりにくいものです。まして**サラリーマンは働く姿を子どもに見せる機会がありません**。「子どもは親の背中を見て育つ」といわれても、働いている姿を見せる機会がないのです。

たまに家にいるときはごろごろしています。そのため自宅で事業をやっている家庭に比べて、お父さんが大事にされていないような気がします。

しかし週末起業をすれば、すくなくとも働いているところを子どもに見せることができます。もしかしたら家族で一緒に仕事をすることもできるかもしれません。週末起業がきっかけで家族の会話が増え、家族の絆が深まり、おまけに収入まで増えたという週末起業家は思いの外たくさんいます。

また、地域との交流が深まったという方もいます。ホームページ作成・運営代行をするある週末起業家は、ご両親が地元の商店街で店を出している関係で、その商店街のお店のホームページの作成や運営をしています。これにより子どもの頃かわいがってもらった地域の人々と再び交流ができるようになったと喜んでいます。

サラリーマンの人間関係は、会社どっぷりになりがちです。とくに年齢を重ねるごとにその傾向は強くなります。そのため定年退職したとたんに行き場がなくなる人もいます。また会社以外の人間関係がないため、リストラなどに遭うと人格を全否定されたようになり、ダメージも大きいといいます。

その点、週末起業をすれば自然に家族や地域など、会社以外の人たちとの絆を深め、交友関係をより豊かにすることもできます。いざというとき励みになりますし、何よりも会社を離れたところにも交流があるということはいいものです。意外に思うかもしれませんが、週末起業家の多くが週末起業の魅力の筆頭に、「家族や地域との交流が深まった」という点をあげています。

†起業の練習にもなる

「素晴らしいアイデアを思いついた。すぐにでも会社を辞めて起業したい」
「もうこの会社には愛想がつきた。すぐにでも飛び出したい」

そう考える人もいるかもしれません。でも悪いことは言いません。まずは会社にいながら、週末起業としてはじめてみることをお勧めします。

私もそうでしたが、実際にはじめてみると「こんなはずじゃなかった」ということがよくあるからです。辞めてからそれに気づいても、なかなか軌道修正ができません。そのため、独立してからも糊口をしのぐために不本意な仕事をしている人はたくさんいます。

そうなると「やりたいことがあって起業したのに、かえってやりたいことができなくなった」ということになってしまいます。こういう例は枚挙にいとまがありません。

こうした実態を考慮して「二年間の生活費が貯まるまで、起業は待ちましょう」などとアドバイスをする人もいるようです。しかし、そういう人は何の根拠があって二年という数字をはじき出したのかと思います。その起業家が二年経ってなお自分の事業を黒字にできなかった場合、どんなアドバイスをするつもりなのかといぶかしく思います。

それに、こつこつと生活費を貯めるために起業をずるずる先延ばしするくらいなら、まずは**手っ取り早くできることからはじめる**ほうが、よほどマシだと思います。

実は、辞めなくてもできることは結構あります。たとえばビジネスプランを書き上げたり、顧客情報を集めたり、人脈を広げたり、ホームページを立ち上げたりすることです。これはいずれも会社にいるあいだでも十分できることです。

会社に勤めながらはじめれば、立ち上げたビジネスが軌道に乗って利益を生むまで、会社から生活費や軍資金の一部をもらいながらつづけることができます。辞めるのはそれからでも決して遅くありません。これなら万が一、上手くいかなくても、他の事業でやり直すこともできます。

世間では「サラリーマンはなかなか会社を辞められない」という声がある一方で、周囲がびっくりするくらいあっさりと、苦労して入社した会社を辞めてしまう人もいます。

「すぐにでも辞めて起業したい」という人には、二つのタイプがあります。ひとつは「自分のビジネスプランや能力に絶対的な自信がある」という人です。失敗することなど考えられないという人です。

もうひとつのタイプは、まず「会社が嫌で、会社を辞めることがそもそもの目的」という人です。ところが転職もままならず「じゃあ、起業でも」となる人です。

どちらの場合も、本当にやっていけるのかどうか、試しに会社にいながらやってみることです。会社を辞めてビジネスになるくらいなら、会社を辞めなくてもそこそこは稼げるはずです。辞めるのはそれを確認してからでも遅くありません。

後者の場合は、会社を辞めることで頭がいっぱいで冷静な判断ができなくなっている場合があります。そのため辞めずにやってみることは頭を冷やす意味でも大切です。

起業には、試行錯誤が避けられません。だからダメ元でやるのがいいのです。でもダメ元のうちに会社まで辞めてしまってはいけません。日本のようにまだまだ閉ざされた社会では、失敗したからといって簡単に再就職できません。退職は取返しがつかないのだということを覚悟すべきなのです。

†本業からのキャッシュフロー収入で運転資金を稼ぐ

起業家のなかには「自分を追い込まないような起業はダメだ。背水の陣を敷け」という人もいるでしょう。しかし私はそうは思いません。今、会社から得ている給与という「安定収入」をうまく活用しながら次のステップに踏み出すことも、優れた投資感覚だと思うからです。投資家が投資リスクを分散させるためにポートフォリオを組むように、キャリア設計でもリスク分散してポートフォリオを組むべきだと思うのです。

これは喩え話ですが、大企業がはじめる場合でも「新規事業」は最初、赤字です。ではその間、その赤字の「新規事業」を誰が支えているのでしょうか。答えは、すでに軌道に乗っている事業です。投資回収がとうの昔に済んだ、コアになる事業が十分利益を生み出し、「新規事業」を支えることができるからこそ、リスクのともなう冒険ができるのです。

それでも企業が新しいことをやるのは「黒字事業」が衰退したとき、その企業を支える次の「黒字事業」を育てておく必要があるからです。だからこそ「黒字事業」から十分キャッシュフローが得られるうちに、その利益の一部を新しいことに赤字覚悟で投じようというわけです。

振り返って、これを個人に置き換えてみると「黒字事業」を「現在の勤務先」、赤字の「新規事業」を「週末起業」に当てはめることができないでしょうか？

今は**「勤務先の仕事」が「給与」というキャッシュフローを生み出しています**。しかしこれは将来どうなるか分かりません。だからこそ今のうちに新しい事業にチャレンジしておくべきなのです。しかし「新規事業（＝週末起業）」は当初赤字、お金も時間もかかる一方です。黒字になるまでの一定期間、どう食いつなげばいいのでしょう。

その間は、「黒字を出している事業（＝勤務先の仕事）」に食わしてもらいます。「新規事業」をはじめる度に利益の出ている「黒字事業」を切り捨てる経営者などいないように、新しいことをはじめるために「給与」という収益を上げている「勤務先の仕事」を、自ら切り捨てる必要などないのです。

†会社を辞めるのはもったいない!

ただし、会社を辞めずに事業を経営することは、肉体的にも精神的にもつらいのも事実です。そのため少しでも収入が生まれてくると「会社を辞めたい」と考えるものです。

しかし、私は「事業が軌道に乗り、今の年収を越えそうだ」とか「忙しくて本当にどうにもならない」という状態になるまで、会社を辞めるべきではないと思います。

その主な理由は、安定収入を確保しておくことによる経済的安心感です。安定収入があれば起業に安心して没頭できます。普通、起業しても事業が軌道に乗るまでは、不安も多く焦ります。この焦りは、大切な事業のスタートを計画的に進める余裕を奪います。そのために本来成功するものが失敗することさえあります。

また、会社にいるときには気づきにくいものですが、**組織はありがたい**ものです。人が集まっていることには、それだけで意味があるのです。

たとえば、情報はやはり組織のなかにいるほうが集めやすいといえます。自分のパソコンの調子が悪ければ、誰かが親切に、しかも無料で教えてくれます。こんなちょっとしたことでも一人になるとお金がかかります。

さらに私が独立していちばん痛感したのは、会社にいるときは、人との出会いが多かったことです。会社にはいろいろなおつき合いがあります。たとえば、取引先やマスコミ、弁護士、税理士、会計士などの専門家、信頼できる業者などです。こうした一連の人脈を、独立してから開拓するのは至難の業です。

文房具や備品、ましてや個人情報や企業機密を持ち去るのは犯罪ですし、お客さんを横取りするのも道義上の問題があります。

しかし、会社で得た経験や知識、知り合った人脈を自分の血肉にしてビジネスに活かすことは自由です。ここは発想を転換して、**会社を自分の経営資源として活用**してしまう心構えでいきましょう。

他にも会社の登記や法律、会計、税金の勉強など、会社を起こすうえでの必須科目は、会社にいるうちに終えておくべきです。

いちど会社を辞めたら、二度と会社には戻れないのです。もういちど、「起業のための準備」という視点から、今の職場を見直してみてください。

†週末起業に立ちはだかる四つの障害

「週末起業にはいろいろなメリットがあることは分かった。だが、そもそも会社を辞めないで起業なんてできるのか？」

もしかしたらあなたの脳裏には、こんな疑問が頭をもたげているかもしれません。たとえば、次のような考えをお持ちかもしれません。

- そんな時間はない
- そんな金はない
- 会社にいる間、お客さんとのやり取りができない
- 会社にバレたらたいへんだ

たしかに従来であればそのとおりだったと思います。しかしインターネットが登場するなど、起業をとりまく環境は大きく変わりました。これらを活用すれば、必ずしも会社を辞めなくとも起業することができるようになったのです。

ここで、あなたの疑問や不安を解消する解決策を一つひとつ紹介しましょう。

障害1「そんな時間はない！」

たしかに一般的なサラリーマンは平日九時から五時のあいだを会社に拘束されています。また夜は遅くまで残業していますし、つき合いで飲んで帰らざるを得ないこともあります。だから「とてもそれ以外のことはできない」と考える人が多いようです。

それでも**サラリーマンにはまだまだ会社に拘束されない時間がある**ものです。単純に計算しても、週休二日の会社で年間百日以上、祝日や有給休暇が二十日以上、年間三百六十五日のうち実に三分の一以上が休みです。さらに金曜日の夜と月曜日の朝を週末に加えれば週末はさらに長くなります。

実際、サラリーマンのなかから合格者が出ている中小企業診断士、税理士、社労士などの資格は、取得までに一千時間から二千時間の勉強が必要といわれています。彼らとてまさか会社で勉強しているわけではありませんから、合格するために少なくともそれだけの勉強時間を捻出しているのです。

私も資格取得に際して、先輩コンサルタントに「中小企業診断士の資格の取得には、一千時間以上の勉強が必要だ」といわれ、その時間の捻出方法をいろいろと考えました。

一年で一千時間を捻出するには毎週土日で十時間を勉強にあてても、五百時間ぐらい足りません。そうなると、どうしても平日に二時間ぐらい必要になります。そこで二時間早く起きることにして朝四時に起床することにしました。働きながら資格を取る方や、語学の勉強をする方はこのようにして時間を捻出しているのです。週末起業家にできない理由はないでしょう。

実際、年間一千時間あれば相当なことができます。私自身、退社してから「これなら会社にいるときでもできたな」と思ったことがたくさんあります。

たとえば営業活動や、人脈づくり、ビジネスプランの作成、自分のビジネスに関するリサーチです。なかでも「自分のアイデアに対するお客さんのニーズはあるのか」「そもそもビジネスになるのか」といったことは、起業する前に調べておく必要があります。しかしどんなにデータを集めても、実際にはじめてみなければ分からないこともたくさんあります。できれば試験的に事業をはじめてみることです。そうすればビジネスにならないことが分かった場合でも、すぐに仕切り直すことができます。

これは会社を辞めないからできる贅沢です。辞めてしまった後では、他に収入の手立てがないのですから、テストをしている余裕はありません。

起業には多額のお金がかかりそうです。その証拠に多くの起業家が借金をしてはじめています。一方、サラリーマンの所得は減るばかりです。賃下げもあり得る状況で、住宅ローン、子どもの養育費など、お金が出て行く要因には事欠きません。

ならば、お金をかけずにはじめればいいのです。最近はインターネットを活用すれば、ほとんど元手がなくても、商売をはじめることができるようになりました。またレンタル・オフィスや秘書代行サービス（アスクル、キンコースなど）など、起業家を支援するインフラはどんどん整備されています。

さらに高価なパソコンなどはリースを活用するという手もあります。私も次のパソコンはリースにしようと思っています。元手をかけずにいろいろなことができるようになっているのです。

かりに、今もっているビジネスのアイデアが、実行のためにお金がかかるものなら選択肢からはずすべきです。

ある週末起業家は仕入先を開拓する過程で、「オンラインショップで物を売りたい」と思い、卸売業者に持ちかけたところ、「最低でも一度に五十万円は買いとってほしい」といわれたそうです。これもその人の価値観や台所事情にもよりますが、私は、週末起業家は売れるかどうか分からないうちから、五十万円もの在庫をもつリスクをとるべきではないと思います。

実際、週末起業をはじめた方に話を聞くと、皆さんほとんど元手をかけずにスタートしています。もちろん、インターネットにつながったパソコンや携帯電話などは必要になりますが、これはすでに持っている方がほとんどのようです。あとは名刺くらいでしょう。これなら数千円の投資ではじめることができます。

さらに、行政も積極的にサラリーマンの起業を後押ししようとしています。そのひとつが「確認会社」の制度です。この制度は、これまで会社をつくるのに必要とされていた資本金（有限会社で三百万円、株式会社で一千万円）を、設立してから五年間は免除しようという試みです。その結果、かりに会社を設立する場合でも、はじめの五年間は資本金が不要になりました（第五章で詳述）。

いずれにしても、週末起業は小資本ではじめるべきです。出資も融資も受けるべきではありません。とにかく手持ちの資金ではじめ、その範囲でできないことはあきらめるべきです。

とくに、**融資を受けることは絶対に避けるべき**です。なぜなら借金すれば、成功しようが失敗しようが、全額プラス金利を返済する義務が生じます。これが起業のリスクを著しく高めるからです。

また、融資を受けるためには担保を取られます。その担保は家や土地など個人の資産です。これにしたがうと、かりに事業に失敗した場合、起業家は会社だけでなく、個人の財産を取られてしまいます。一家が路頭に迷う可能性すらあります。

つまり、あまりにもリスクが高いのです。

といっても、週末起業家が金融機関から融資をうけることは、公的な金融機関を含めて絶望的でしょう。

ところが、最近はベンチャーキャピタルや個人投資家の動きも活発です。融資はムリでも出資話ならあるかもしれません。なかには勤務先から出資をうけたという人もいます。そういう場合もお金はかけるべきではありません。

一方、手持ちの資金の範囲内に限定しておけば、かりに失敗しても、失うものはその出資金の範囲です。これなら「高い授業料を払った」で済みますし、再起を賭けてもう一度やり直すことも可能です。

†小資本にこだわるもうひとつのワケ

私が「小資本」の起業にこだわるには、もうひとつ理由があります。これは本業のコンサルティングの経験をとおして日頃感じていることです。

これまでたくさんの起業家を見てきましたが、成功する人と失敗する人の境目は、実はビジネスの内容そのものよりも、**お金とのつき合い方**にあるような気がするのです。

たとえば、起業したばかりの経営者が、多額の現金を手にすると、お金が無限にあるような錯覚をしてしまうことが多いのです。そうすると、それまででは考えられないペースでお金を使ってしまいます。

ところが個人レベルのお金とビジネスで動くお金とではケタが違うので、無限にあるようにみえたお金もあっという間になくなってしまいます。

また、お金の出入りにはタイムラグがあります。たとえば、契約が成立した時点でお金が入った気になってお金を使ってしまったところ、それが不履行になったというケースもあります。

お金の扱い方を間違えたばかりに、順調な企業が一瞬で倒産したというケースはいくらでもあります。このように、お金は非常に手がかかります。世のほとんどの経営者は、こうした会社のお金の動き、いわゆる資金繰りに二十四時間神経をすり減らして生きています。

しかし会社勤めでは、経理担当でもないかぎり、この感覚が実感として分かりません。だからこそまずは小資本で練習してほしいのです。

そもそも週末起業は、好きなことを低リスクではじめられることが魅力です。

それなのに、お金に神経をすり減らしては意味がありません。とりあえず**現金主義に徹し、手堅く利益をあげる**ことに注力すべきです。

もちろん資金がないために、大きなチャンスを逃すこともあるかもしれません。しかし、とにかくリスクとその他の要素を天秤にかけ、リスク回避を最優先することです。これが週末起業の考え方です。

またお金の制約がある以上、支出は極力抑えるべきです。事務所をもつ、人を雇うといったことはずっと先の話と思ってください。

それでもまずはお金に頼らず、ある程度の制約のなかで「起業」に取り組んでほしいと思います。

もちろん「起業」にはさまざまなパターンがあってよいと思います。ですが、起業当初から大きな資本を用意するやり方は、少なくとも「週末起業」のあり方とは異なります。「週末起業家」は、あくまでも「小資本」ではじめて、日々のビジネスで着実に利益を残すことです。

そして、まず経済的な基盤をつくるべきです。その時点で、お金の力をバネに飛躍すればいいのです。

障害3「お客とのやり取りができない！」

たしかに、お客さんとのやり取りは、ビジネスのカギになります。商品やサービスを買ってもらうだけでなく、買っていただいた後のフォローや、問合せや苦情への対応などが必要です。こうしたアフターサービスは、起業するうえでもっとも手間のかかる部分かもしれません。

悩ましいのは、お客さんからの問合せは普通、日中にあるということです。自分が会社に行っている時間帯にどんどん入ってくるのです。というわけで、一昔前であれば「会社にいながら顧客対応することは不可能 → 週末起業など無理」というふうに考えられてしまいました。

しかし、インターネットや携帯電話などが普及した今は違います。たとえば、顧客開拓は、メールマガジンやホームページ、掲示板などでできてしまいます。またお客さんや取引先とのやり取りは、はじめからeメールだけに限定しておけば、会社の終業後に問合せをまとめて処理したり、空いた時間に携帯電話で処理することが可能になります。こうしたツールを活用すれば、電話やファックスを用いたやり取りよりも、コストも大幅に節約することが可能です。

またすでに述べましたが、最近は**秘書代行サービス**や、**インターネット・ファックス**など、コミュニケーションの手段も増えています。

このようにインターネットや起業家向けのサービスなどを駆使することで、会社にいながらでもお客さんに対応することが十分可能な時代になったのです。

障害4「会社にバレたらたいへんだ!」

勤務先が、就業規則で副業や兼業を禁止しているために週末起業に踏みきれないという人もいるでしょう。事実、日本の会社のうち八割以上の会社が、副業または兼業を禁止しています（一九九五年労働生産性本部の調査）。これに違反すれば、服務規程違反になります。とくに、

- 勤務時間中にやる
- 業務に支障をきたすことをやる
- 会社の業務にバッティングすることをやる
- 会社の財産を持ち出してやる

といったことをやれば、懲戒解雇の対象になる可能性だってあります。

ただ反対に、これに該当しなければ、万が一会社と訴訟になっても勝てる確率が高いという弁護士もいます。

とはいっても、会社と訴訟で争うという事態は、できれば避けたいところです。それに会社と訴訟になればそもそも会社にいつづけることは難しくなりますから、週末起業はそこで終わりです。

ただ、訴訟をしたくないのはどうやら会社も同じようです。**実態は見て見ぬフリ**、または「あまり派手にやらないように」とクギを刺されるぐらいというのが一般的なようです。会社が終身雇用を保障できなくなった今、会社以外の仕事を厳しく取り締まるのは、矛盾するということなのでしょう。むしろ本音は、どんどんやってもらって自立してもらいたいということなのかもしれません。

時代は明らかにこうした社員の自立を後押ししています。これを裏付けるような調査があります。日経新聞（二〇〇二年十一月二十九日付）によると、主要企業百六社の経営者に兼業に関するアンケートをとったところ、なんと六割以上の経営者が**「今後、副業を容認したい」**と答えたそうです。

また、日本航空や日本ＩＢＭ、シンコー電機、ニコンなどのそうそうたる企業が、すでに「副業を解禁した」と新聞などで報じられています。

「だったら最初から会社を説得すればいい」という考え方もあります。週末起業家のなかには、上司や社長にかけあって週末起業を認めさせたという方もいます。

考えてみれば、実家の家業の役員をやっている人はいくらでもいます。学生のころ、役員に名を連ねて、そのままという人などです。また地方に行けば、今でも田植えの時期には村総出で手伝うということはあり得ます。これだって副業の一種です。

このあたりをまじめに突き詰めていけば、きりがないわけですから、まあ大目に見る、というのも分からないでもありません。

そうはいっても「週末起業をはじめたって、どれくらいの規模になるのかも分からないのに、最初から大事にしたくない。まずは会社に知らせずにやってみたい」という方が大半だと思います。

現実的には、家族の名前を使う人が多いようです。たとえば、表向きは奥さんを代表者にして、実際にはすべて自分がやるのです。これならマスコミの取材にも堂々と出られます（ただし、配偶者を個人事業主にする場合には、注意が必要です。所得金額が三十八万円を超えると夫の配偶者控除を受けられなくなったり、社会保険料の支払い義務が発生します。詳細は第五章で説明します）。

†アメリカでは常識

私はサラリーマン時代、米国で働いた経験があります。そのとき知ったのですが、米国人のなかには、アフターファイブや週末に他の仕事をしている人がけっこう存在し、私の職場にも一人いました。彼は月曜日から金曜日まで営業マンとして働き、金曜日の夜から日曜日の朝までは、なんと自分の会社の社長をしていたのです。

彼は、平日はサラリーマンとして働き、週末は友人と自分達のビジネスをしていたのです。結局、彼はそのビジネスが儲かって、それを頼りに会社を辞めていきました。

一般に米国の企業の場合、就業規則のなかに従業員が会社外で働くことを禁じる規定がありません。そのためこうした光景はごく普通のことと受け止められていました。

一方、日本では前に述べたとおり、八割以上の会社が就業規則のなかで自社の給与以外に他の仕事で収入を得ることを禁じています。

考えてみればこれはおかしな話です。本来私たちは、平日の九時から五時という一定の時間、労働力を会社に提供して給料をもらっているのです。それ以外の時間に何をするかまで会社が拘束するのはむしろ問題です。

これは、もともと勤務時間中に内職したり、時間外の疲れが仕事に影響したりすることを懸念して導入された制度で、滅私奉公が美徳と考えられていた時代の名残のようです。

しかし、すでに紹介したとおり、近年は企業の側も、むしろ**社員の自立**を促す傾向にあり、「副業・兼業は禁止」の規定をはずす方向にあります。もはやこの規定は時代遅れになっているのです。

†週末起業のビジネスモデル

以上で「週末起業は決して不可能ではない」ということを実感していただけたと思います。

では「どんなことを、どんな人が、どのようにやっている」のでしょう？　ここで、そんな疑問に答える、いくつかの実例をあげてみましょう。

モデル①　オンラインショップ経営

まず代表的な例として「オンラインショップの経営」があげられます。これはインターネットで商品を売るという商売です。これなら会社を辞めずに立派に商売することができます。

たとえば、趣味で物をつくる人なら、その作品を売ることができます。自分でつくれない人なら、つくれる人と組んで、その販売代行をすることも可能です。

もちろん、一般の商売のように、仕入れて売ることもできます。

たとえば、大手通信関連企業に勤めるKさんの場合は、奥様と共同で、鉄道模型のインターネットショップを運営し、なんと**年商約八百万円**をあげています。

もともと大の鉄道マニアで「好き」が高じて、模型を販売するまでになりました。「好きなこと」をビジネスにできるのが、週末起業の最大の特徴ですが、それを地で行ったわけです。子どものころから鉄道模型店の〝おやじ〟になりたいと思っていたそうですが、インターネットでものを売ることができるようになったとき、「これだ！」と思ったそうです。

なお商品を仕入れて販売する場合のポイントは、きちんと仕入先を開拓して、卸値で商品を仕入れることです。Kさんの場合、肝心の仕入れ先を開拓する際に、ご自身でショップのコンセプトを企画書にまとめ、問屋に説明してまわり商品を確保したそうです。

もうひとつ、オンラインショップのポイントは商品の希少性、つまり他では手に入らないものを売ることです。

たとえばKさんの場合も、鉄道模型そのものはどこにでもあるですが、Kさんが扱うのはいわゆるH・Oゲージという、一まわり大きなサイズの模型だそうです。このサイズの模型は、地方ではなかなか手に入らないらしく、こういう物をインターネットで売るからこそ、うまくいったとご自身は分析しています。

この点でいえば、手作り品は、他で手に入らないものですからお勧めです。他にも海外から輸入する、ビンテージ物を見つけてくるなど、より魅力ある商品を調達する方法はたくさんあります。これらを安定的に入手できるなら、会社を辞めずに商売をはじめることは十分に可能です。

モデル② 代行ビジネス

自分のスキルや技術を活かして、お客さんの業務を代行することもできます。いわゆるサービス業がこれにあたります。たとえば、会計や給与計算、ホームページの作成、翻訳などの業務を、企業や個人に代わって行うのです。

こうした仕事は、これまでも「会社を辞めず」にはじめる仕事の代表格でした。しかしほとんどの人が、代行会社から仕事をまわしてもらう、いわゆる下請けに甘んじています。SOHOといえば聞こえはいいですが、これは言い方を換えれば「インターネット経由の内職」にすぎません。

そこで企業から仕事を請ける立場からさらに一歩踏み出して、直接仕事を取りに行きます。

たとえばeメールで売り込みをして、ホームページ上の企画書に誘導します。こうしてみずから受注できるようになれば、たんなる下請け、内職でなく、独立したビジネスにすることができます。あなたは代行会社の経営者になるのです。

これを実践している週末起業家がいます。ウィークデーは通信販売会社でカスタマーサービスを担当しながら、週末はホームページ作成・運営代行のビジネスを立ち上げたMさんです。彼は学生時代からホームページの作成が趣味でした。

就職してからも趣味を兼ねて知り合いの仕事を請けているうちに口コミや、ホームページ、自ら発行するメールマガジン経由などで、どんどん新しいお客さんが増えたそうです。現在、地域の中小企業や、非営利団体、他の週末起業家の仕事を請けています。

今のところ年商百五十万円くらいですが、売上げは右肩上がりに増えており、近いうちに他の人に仕事を出すことまで考えているそうです。

モデル③　情報発信ビジネス

あなたの持っている情報や知識、ノウハウなども立派に商品となります。たとえば、あなたしか知らない情報、自分の考え、自作の小説などを、ホームページやeメールなどを経由して売れれば、立派なビジネスになります。

これに、広告をつけたり、読者から購読料をもらったりすれば、れっきとしたビジネスです。この場合、紙媒体とは異なり、印刷や配送に経費はかかりませんので、情報発信者であるあなたの取り分は、他の媒体で提供するより、ずっと大きくなります。

なお広告で収入を得る方法は「広告モデル」といわれ、最近はあまり儲からないといわれています。しかしそれはあくまでも企業が事業として考えた場合の話で、個人の取り分としては、十分といえます。

たとえば、メールマガジンの広告収入は、読者一人につき十円が相場といわれています。メールマガジン発行サイトで調べると、個人が発行しているメールマガジンでも読者数が数万人を超えるマガジンはいくらでもあります。そういう方はメールマガジンの広告収入だけで**月に数十万円**稼いでいることになります。

モデル④　オンライン教育、コンサルティングビジネス

送り手が一方通行に情報提供するだけでなく、eメールなどを使って双方向にやりとりすれば、たんなる「情報提供」でなく、教育やコンサルティングに発展させることができます。

たとえば、通信教育をインターネットで実施することができます。またこれを企業や経営者向けに行えば、簡単なコンサルティングになります。

私自身、週末起業時代は、メールマガジンの読者や雑誌連載の読者からの要望に応えてeメール限定のコンサルティングを月三万円で請け負っていました。遠隔地のクライアントには喜んでいただけました。

なお、これらの活動をすべてオンラインで完結する必要はありません。ネットはきっかけづくりと割り切り、あとは従来のやり方で実施することができます。たとえば、私もメールマガジンの読者向けにセミナーを呼びかけています。そのなかから実地コンサルティングに結びついたこともあります。

モデル⑤ マッチング・ビジネス

同業者と組めば、仕事を共同受注したり、互いに振り分け合ったりすることができるようになります。小さな同業者でもネットワークを組むことで、大きなビジネスにすることができるのです。

たとえば、かつて私は、他のメールマガジンの発行者と組んで、広告の共同受注をしていたことがあります。メールマガジンも発行部数が少ないと、企業から相手にされません。

そこで他の発行者と組んで、より大きなメディアとして企業に広告の出稿を持ちかけたのです。これにより、自分ひとりではとても受注できないような大企業の広告を受注することができました。

また自分の人脈を活かすことで、派遣業を営むこともできます。

たとえば、現在、雑誌出版社で新規事業関連の仕事をするSさんは、週末起業として結婚式の司会者を派遣する会社の社長をしています。

もともとSさんはサラリーマンの副業として人気がある結婚式の司会を土日の休みを活かしてしていました。そこで築いた司会者と、結婚式場とのネットワークを活かし、両者をマッチングする司会者派遣業を立ち上げたのです。

現在のお客さんは、ホテル、レストラン、その他宴会場、セミナー・イベント主催会社などです。

年商は、昨年実績で一千二百万円、来期は二千五百万円を超えそうということです。すでに事務所も構え、契約社員とはいえ、常駐の従業員も雇っています。

このように、すでに何人もの人が、実際に会社を辞めずにビジネスを立ち上げ、成長させています。あなたもアイデアと工夫次第で、いくらでも新しいビジネスが考え出せるはずです。

年代によって週末起業との関わり方は異なる

週末起業家は、周囲に内緒でやっている方が多いため、一般的に想像されている以上に、たくさんの方がやっていると思います。もしかしたら、皆さんのそばにも、すでに週末起業をしている人がいるかもしれません。

しかしそのせいで、実態が把握しにくいのも事実です。すでにご紹介したとおり、週末起業にはいろいろなメリットがあります。そのため、週末起業に求めるものも人それぞれです。つまりその人の都合や実情に応じて、いろいろとできるということです。

たとえば、ある人は「趣味が高じて、気がつくと週末起業になっていた」といいます。またある人は「会社の仕事も楽しいが、自分の事業を持つ夢も捨てがたく、週末起業ではじめています」といいます。また私のように「独立開業の足がかりとして週末起業をはじめた」人も少なくありません。

週末起業は、**会社を辞めない、お金をかけない、自由な起業スタイル**ですから、どのようなつき合い方も自由にできるのです。

そこで、皆さんが実際に週末起業とどんなつき合い方をしているのかご紹介してみたいと思います。

ここでは、年代別に週末起業とのつき合い方をご紹介します。理由は、週末起業とのつき合い方は、年代によってある程度傾向があるからです。最近は様変わりしつつあるとはいえ、サラリーマンのライフスタイルはまだまだ年代に応じてある程度傾向があるようです。職場でのポジション、家庭の状況、経済的事情などが年代とともに変わってくるわけですから当然です。もちろん、ここでご紹介する例はあくまでも目安ですが、参考にしてみてください。

二十代――やりたいこと探し

Iさんは、現在、雑誌出版社にお勤めの二十六歳、まだ独身です。時間もお金も比較的自由に使えるので、ほかの世代に比べて、選択肢がまだたくさんあると感じています。会社で出世する可能性もありますし、その気になれば転職もできます。ほかにも、学生に戻ることもできます。あわよくば留学、なんてことも思わないでもありません。

いつかは起業したいと思う気持ちもあります。でも具体的にどんな分野で起業するかまでは、決めていません。

周りからも「何でもできてうらやましい」といわれますが、選択肢が多い分、悩みが多いともいえます。

Iさんは、大学の先輩の「やりたいことを見つけるためになんでもやってみたら」というアドバイスに「なるほどな」と思ったそうです。

たしかに「自分は何が特技なのか」「何が本当にやりたいことなのか」は、本人でも分かりません。実際にはじめてから、「こんなはずじゃなかった」と後悔することはよくあります。反対に、自分でもまったく気がつかなかった意外な特技を発見することもあります。

その先輩は「今の会社が気に入らなければ転職すればいい」ともいってくれました。一般に、転職すると給与は下がるといわれています。しかし二十代ではむしろ転職の結果、年収が上がることもあるのです。転職後の年収の下げ幅は、年齢に比例して大きくなるからです。反対に三十代以降に転職するなら年収ダウンを覚悟しなければならないわけで、むしろ転職するなら若いときほどチャンスといえるわけです。

私はIさんに「**自分探しのための自己投資として週末起業**をはじめてみたらどうですか」とアドバイスしました。本格的に会社を飛び出す前に、まず会社にいながら試してみるのです。

週末起業なら、やってみてうまくいかなかったり、自分には他にやりたいことがあることに気づいたりしたら、もういちどゼロから仕切り直すことができます。こうした試行錯誤は、会社からの給与を確保しながらはじめる週末起業だからこそできることです。

Iさんは、今、週末に高校時代の友人と組んで地元のミニコミ誌をつくる仕事をはじめています。今の仕事の経験も活かせるし、漠然といつかはやってみたいと思っていたことでもありました。

とりあえず週末起業で行動に移してみたのです。今は手探りの状態ですし、本業もやりがいがあるので、会社を辞めるつもりはありません。ただ、週末起業がある程度軌道に乗ってきたら、そのときは、「こちらを本業にしてもいいかな」と思いはじめているそうです。

三十代——二足のわらじ、そして起業の準備

Mさんは、現在、アパレル系の商社に勤める三十四歳です。七年前に結婚、四歳の男の子と、生まれたばかりの女の子がいます。

仕事は脂がのっていて、会社からの期待も感じています。同時に心のなかで「このまま終わらないぞ」と野心を燃やしています。「いつかは起業したい！」という学生時代からの想いを忘れたわけではないのです。もともと商社に就職したのも、自分で貿易業を営み

たいという想いがあったからです。

ただ、将来に対する漠然とした不安もあり、なかなか起業に踏み切れません。結婚とほぼ同時に購入したマンションの住宅ローンの返済は、まだ三十年ちかく残っていますし、子ども二人の教育費など、これからもお金がどんどん必要になります。

思い切って起業して万が一失敗したら、再就職は難しそうです。なにしろ、世間では「三十五歳が転職の限界」などといわれています。まだ若いつもりでしたが、労働市場ではすでに転職が難しい年代になりつつあるのです。

こう考えると、今の時点で自分から会社を飛び出すことができません。もし「会社を辞めたい」などといったら、奥さんはきっとパニックになってしまうでしょう。

このMさんに私は、「**将来の起業を見据えて、その準備として**週末にやりたいことを少しずつはじめてみてはどうですか」とアドバイスしました。週末起業ならリスクをとらずにはじめられ、軌道に乗ったところで会社を辞めれば、家計に負担がかからないからです。それに会社の仕事と両方楽しむことができます。

Mさんは、週末起業という方法をすっかり気に入ってくれました。まず五年後を起業の目標に定め、手始めに小さな輸入衣料の店をオンラインショップとして開設することにしました。

平日の激務をこなしながらやるわけですから大変ですが、まだ少しくらいなら、体に無理がきくといってがんばっています。

週末起業は、Mさんのように「本業も楽しいが、いずれは起業したい」という方が、起業の準備をするための格好の場になります。

四十代――充実した週末、そしてキャリアのリスク分散

Nさん（四十六歳）は建築会社の企画部門で二十名の部下を抱える管理職です。会社でキャリアを積み、業務を通じて専門分野も身につけてきました。

サラリーマン生活は順調ですが、だからといって現在の状況を楽観的にみているわけではありません。会社の業績はお世辞にも好調とはいえないからです。社内で早期退職の募集があると応募者が殺到し、たった十分で打ち切られてしまうほどです。

同業者や大学時代の友人などをみていると、会社がリストラを断行したときに、真っ先に対象になるのは自分たちだと考えざるを得ないそうです。

一方、家庭を振り返れば、長女は高校生、次女は中学生であり、家計のキャッシュフローが厳しい時期、これからもお金がどんどんかかります。このまま次女が私立の高校に進むと、給与よりも支出のほうが多い、いわゆる「キャッシュフロー破綻」を起こす可能性

もあります。

そんなとき、私はNさんに「**いきいきとした週末を過ごしながら、将来の家計の補塡になるビジネスを育てる**ことができますよ」と、週末起業を勧めました。

結局、Nさんがはじめたのは英語の翻訳サービスです。といってもたんなる翻訳の下請けではありません。企業から翻訳の仕事を請け、翻訳家に斡旋する翻訳サイトです。

Nさんは、かつて夫婦でアメリカに駐在したことがあります。そのときに知り合ったアメリカの友人がたくさんいます。彼らをとおして、現地で仕事をお願いしているのです。

収入は、平均すると月二十万円、もちろん決してこれで食べていけるほどはありません。しかし、手近なところでアルバイトをするよりもよほど稼げています。万が一、会社を追い出されても、家のローンと学費くらいは何とか払っていけそうだ、と安心を取り戻しました。結果的に、会社の仕事にもますます身が入ったといっています。

五十代——定年後の準備

Aさん（五十五歳）は、中堅メーカーの営業部門で部長職を務めています。会社でそれなりの立場にあり周囲に信望も厚いのですが、自分としてはそろそろ仕上げの時期と考えています。

幸いなことに、先行き破綻しそうだといわれている年金も、退職金もしっかりもらえそうです。若い世代には申し訳ないと思いつつ、安心してリタイアできる境遇にあることを感謝し、これをフルに活用するつもりです。

同年代の仲間に定年退職後の過ごし方を聞くと、大半は「釣り三昧」とか「のんびり読書」とか、趣味に生きることをあげる人が多いようです。

ただAさんは、こんな生き方は性に合わないと考えています。実際、去年退職した元上司が「趣味は三日で飽きた」と、再び働きはじめたことを聞きました。

実は、Aさんが魅力を感じているのは、起業です。最近、定年退職してからビジネスを立ち上げるシルバー・ベンチャーをする人が増えているのを報道番組で観ました。シルバーのところは気に入りませんが、定年退職したからといって、隠居のようになりたくないAさんは、起業が自分にはぴったりだと思っています。

やりたいことは決まっています。釣果情報などをインターネットで情報提供するビジネスです。もともと釣りが趣味でしたし、個人のホームページなら、見よう見真似でつくったこともあります。これならとくに抵抗なくはじめられそうです。

そんなAさんに、私は「それなら**定年退職を待たず、週末起業ではじめて**しまったらいかがですか」とアドバイスしました。退職後に本格的に起業する前に、練習と顧客開拓を兼ねて少しずつはじめてみるのです。

その気になったAさんは、早速ホームページを立ち上げてみました。するとそれだけで「お宅のホームページに広告を載せたい」とか「子どもの釣教室の講師をやってくれないか」などの問合せが、ぽつりぽつりと入るようになりました。ちょっとした収入にもなっています。

Aさんは、定年退職後には、このお金と退職金の一部で、今のビジネスをもっと大きくしたいという夢を持っています。今から退職する日が楽しみだといっています。

以上、年代の異なる四人の方に登場していただき、それぞれの実情と将来のプラン、そして週末起業との関わり方をご紹介しました。二十代のIさんは自分探しのため、三十代のMさんは将来の独立起業に備えた起業の練習、四十代のNさんはキャリアのリスクヘッジ、そして五十代のAさんはいきいきとした退職後人生の準備として週末起業を捉えています。目指すところは違いますが、皆さん週末起業をうまくご自身の生活に取り入れることに成功しました。

ここで紹介した方に限らず、週末起業をしている皆さんに共通していることは次のような点です。

・無理をしないこと
・できることから、とにかくはじめること
・将来につなげること

人生は一度きりですから、取返しがつかなくなるような失敗は許されません。養わなくてはならない家族をお持ちの方ならなおさらです。

ただ、あれこれと理由をつけて行動することを先延ばしにしていては、いつまでたっても新しいことははじめられません。だからとにかくはじめてみることが重要です。またはじめる前には障害だと思っていたことが、実際には取り越し苦労に過ぎなかったり、思いもかけず賛同者や協力者が現れたりしたことが幾度となくありました。

そして、時間は誰にも平等に与えられた財産です。この貴重な財産である時間をアルバイトなどをして、わずかなお金と引き替えに切り売りするようなことをしてはいけません。それは人生を切り売りすることに等しいと思うべきです。あなたの人生は、時給千円やそこらの価値ではないはずです。ましてや刹那的に、いっときの快楽や暇つぶしのために浪費してしまうのはもったいないです。時間は、現在を楽しむことはもちろん、将来何倍にもなって返ってくるようなことに使うべきです。

週末起業は、自分のビジネスをゼロから立ち上げ、大きく育んでいくことです。これはまさに今を楽しみながら、自分の将来につなげていくステップです。多少は忙しくなりますが、その一つひとつは決して無駄にはなりませんし、間違いなくその過程はやりがいのある楽しい時間です。

そのためにもぜひ一度、ご自身とご家族のおかれた現状と、そのあるべき姿を明確にしていただきたいと思います。そして、それを将来現実のものにするためのツールとして、週末起業を位置づけてみてください。きっと今のあなたと、あなたが想い描く理想のあなたの架け橋になるはずです。

第三章

成功する週末起業の考え方

†熱意だけでは成功しない

第二章ではおもに週末起業の魅力についてご紹介しました。この章では「いよいよ週末起業をはじめるぞ」という方に、具体的にどこから手をつけたらいいのかを解説します。

まず「なぜ起業するのか」を明確にすることからはじめましょう。週末起業は、時間、資本、かけられる労力ともにかぎられています。また、会社の仕事と違って、週末起業の仕事をやらなくても当面の食い扶持に困るわけではありません。そのため、明確な目的意識のないままはじめてしまうと、ちょっとしたことで嫌になり、投げ出してしまうことになります。

そうなると成功はおぼつきません。そこで**「何のために週末起業をしたいのか」**をもういちど自問してみましょう。

前章で述べたとおり、週末起業には、「週末は社長になれる」「起業の準備に最適」「いきいきとした週末が過ごせる」「副収入で家計が潤う」などさまざまな効用があります。それら複数ある効用のうち、「自分はどれを週末起業で実現したいのか」をまずは徹底的に自問しましょう。「なぜ週末起業をするのか」をはっきりしないままに週末起業に取り組むと、本末転倒になる恐れがあるからです。

たとえばこんな人がいました。「いきいきとした週末を過ごしたい」という気持ちではじめたのに、収入を増やすことばかりに血道を上げてしまい、結局「週末が以前より味気なくなった」という方です。手段が目的化してしまったのです。これでは何のためにやるのか分かりません。

私の場合は、「週末起業で独立の準備をしたい」と考えていました。そのため、ある時期までは家族サービスが犠牲になることはやむを得ないと考えました。そのことについて妻に説明し、事前に了解を取っておきました。

できれば金額や時期などの**具体的、かつ客観的な指標で表現された目標**があるといいでしょう。たとえば「○○年後に本業の収入を超える」とか「○○年後に独立開業する」「一年で、個人事業から会社組織にする」といったことです。さらに、これを紙に書いておき、年中眺めるとやる気を維持するのに効果があり、成功の確率がぐんと高まるはずです。

私も週末起業をはじめるにあたって、時期的な目標として「二年で独立開業するぞ」という気持ちを持っていました。本当は、前述のとおりすぐ会社を辞めたかったのですが、先輩に引き留められたこともあって踏みとどまったのです。

数値目標を「二年」と設定したのは、私がコンサルティングの実務を教わった私塾がちょうど二年で卒業だったこと、それから会社の異動サイクルを考えると二年後には転勤の可能性があったからです。

数値目標としては「二年で本業の収入を超えてみせる」と壮大な計画を掲げました。これなら独立したときに、家族にかける負担が最低限にできると思ったからです。そして、この目標を紙に書き、毎朝コーヒーを飲みながら、眺めていました。

†週末起業のテーマを決める

「なぜ週末起業を目指すのか」が明らかになったところで、次に週末起業のテーマを決めます。つまり「どんな分野でビジネスをはじめるか」を考えるのです。

たとえば、「自転車が趣味だから、自転車に関わるビジネスをしよう」「前から英語に携わる仕事がしたかった。だから英語に関連のビジネスをしてみよう」「絵を描くのが得意で、よく人から頼まれる。だから絵に関する商売をしよう」といった具合に、自分が「どんなテーマ（分野）で起業するのか」を決めるのです。

これを決める際に重要なポイント、それはその分野が次の三点を満たすかどうかを考えることです（図表4）。

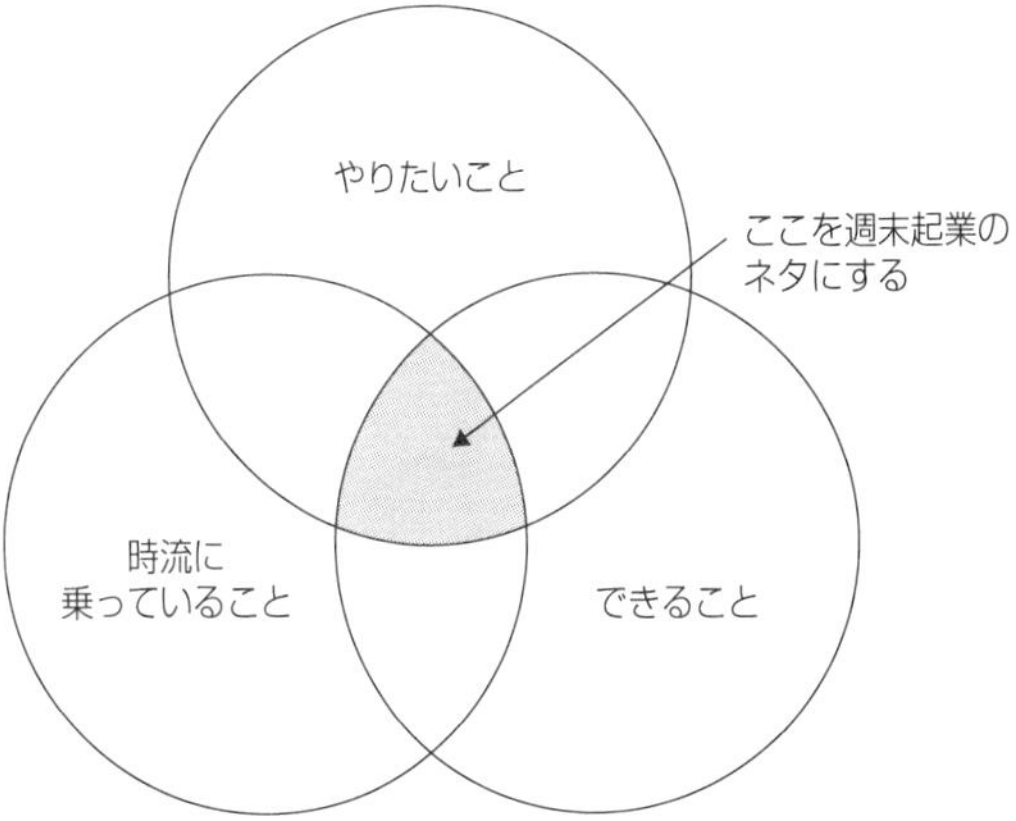

図表4　週末起業で何をするべきか

・やりたいこと
・できること
・時流に乗っていること

本業以外に事業をはじめるのですから、できるだけ趣味や好きなことなど「やりたいこと」を見つけましょう。日中は会社に勤めているという**時間の制約のある週末起業では、好きなことでないと続かない**ものです。

また「好きこそモノの上手なれ」という諺があるとおり、自分で意識していなくても、趣味や好きなことは「得意なこと」である場合が多いものです。

ですから、趣味に関連したビジネスをやることは、「流行っている」「誰かに勧められた」「誰かがうまくやっているので自分も」

という理由だけで、たいして好きでもないことをしぶしぶやるよりも、ずっとうまくいくことが多いのです。

私が経営コンサルティングをやろうと考えたのは、実はずっと教育に興味があったからです。就職するまでは、真剣に教職に就きたいと考えていました。実際に教育実習も経験したことがあります。

ところが、思うところあってサラリーマンになりました。しかしその後も教育に対する想いは募るばかりでした。ただ、まがりなりにも十年以上、ビジネスをやってきたのだから、その経験も活かせるほうがいいだろうと思い、教育の対象を学生から経営者や従業員に切り替え、経営コンサルタントになることにしたのです。

私以外の週末起業家も、その多くは、趣味をビジネスにしています。たとえば、第二章で紹介した方々は鉄道模型、作曲、司会など趣味が高じてビジネスになったものばかりです。他にも、

- 自転車が好きで、自転車の出張修理をしている
- 子どものころから夜景鑑賞が好きで、夜景評論家と名乗っている
- 野球が好きで、少年野球チームにプロ野球選手を派遣するイベントを企画している

などの例があります。そうした方に週末起業のきっかけをお聞きすると皆さん一様に、「趣味が高じて、気づいたらビジネスになっていた」といいます。

「やりたいこと」をビジネスにする

では「自分には趣味がない」「自分はこれといって好きなこともない」という人はどうしたらいいのでしょう。

実は、この「自分の好きなこと」を見つけることで苦労する人が多くいます。実際、「週末起業したい」と考える人のご相談の大半が、「何をやったらいいかよく分からない」というものです。そのうちの多くの方は「趣味はないし、何が好きなのかもよく分からない」といいます。

長いあいだ日本の会社社会は「仕事優先、滅私奉公が良し」とされ、趣味をはじめとしたプライベートが軽視されてきました。そういう環境に長く身を置いたためでしょうか、「自分が何をやりたいのか」を見失っている方が多いようです。

そこで、もし趣味がないなら、次のような質問を自分にしてみてください。

・お金を払ってでもやりたいことは何だろう
・一晩くらい寝なくてもできることは何だろう
・これまでに最もお金を使ってきたことは何だろう
・二時間ぶっとおしで話しつづけられることは何だろう

ある方は「これまでにいちばんお金を使ってきたことは何だろう」と自問した結果、「それが英会話の教材や学校など、いわゆる英語の勉強である」ことに気づいたそうです。そして、知人の外国人と組んで英語教材を開発、インターネットで販売したところ、大ブレークしました。

ぜひ、あなたにもそういうテーマを見つけていただきたいものです。

なかには「趣味はあるが、これはビジネスにはならないだろう」と思う方もいます。でも、そういう方も諦めないでください。

実は、一見ビジネスになりにくそうに見える趣味のほうが、すぐにビジネスに直結しそうな趣味よりも、**うまくいくケースが多い**のです。

たとえば「夜景鑑賞が趣味」という方で、それを週末起業のテーマにして、大成功した方がいます。「夜景鑑賞の知識がビジネスになる」とは普通、思わないでしょう。しかし、立派にビジネスになったのです。

彼は、まず自分に「夜景評論家」という肩書きをつけ、夜景に関連するビジネスをつぎつぎに開発、展開しました。

たとえば、夜景の楽しみ方に関する講座をカルチャースクールで開催したり、夜景の写真をインターネットで販売したり、ホテルからの依頼で客室から見える夜景にお墨付きを与えたり、「夜景ナビ」という携帯電話のコンテンツを開発・提供したりといったビジネスです。さらに最近では、夜景を鑑賞するための眼鏡や「夜景盤」などの鑑賞ツールを開発、販売しています。

彼は、週末起業時代に、この夜景ビジネスだけで、サラリーマンの平均年収を大きく超える収入を得るまでになり、ついに夜景評論家として独立開業を果たしました。

このように、何かに詳しい方は、「**評論家**になる」「**専門家**になる」ということが考えられます。そこからさまざまなビジネスを広げていくことができます。ほかにも日本酒の知識、デートスポット、温泉などに関する評論家や専門家を名乗りビジネスとして成り立っている方もいます。

「オールアバウトジャパン」というウェブサイトがあります。それは二百五十くらいのテーマを、それぞれの専門家を自認する人たちが担当して運営されているサイトです。そこには「こんなものにまで専門家がいるのか！」と驚くくらい、さまざまなテーマについての専門家がずらりと並んでいます。

たとえば、「大人の食べ歩き」「中国茶」「コンビニグルメ」「ペットと暮らす家」「離婚」「宝くじ」「一人暮らしの楽しみ方」などです。余談ですが、私も「起業・独立開業」という分野を担当しています。いちど、参考にしてみてください。

このように、むしろ人が「こんなもの、とてもビジネスにならないだろう」というものを「何とか自分がビジネスにしてみせる」という心構えで考えたほうが、まだ誰もやっていない、おもしろいアイデアが出てくるものなのです。

†「できること」でお金を稼ぐ

好きなことが見つかったら、それが自分にできるのかどうかを考えてみます。

「好きなことをやりましょう」といっても、「下手の横好き」という言葉もありますし、少しかじったくらいでは、お客様からお金をいただけるレベルかどうかは分かりません。

ところが、自分の得意なことは自分では気がつきにくいものです。自分にとってはあまりにも簡単すぎて、自分が得意だということが分からないからです。しかし、むしろそういうことこそビジネスにすべきです。

自分の得意なことを見つけるために、次のような質問を自問してみましょう。

- 「こんなことでお金をもらっていいの？」ということでお金を稼いだことはないか
- 子どものころ、親や先生に褒められたことは何か
- クラブ活動では、どんな役割を果たしていたか
- かつてどんなアルバイトをやっていたか
- 得意な科目は何だったか

こう自問することで「自分は得意だが、他の人にはできない」ということを発見する人がいます。とくに最近のことだけなく、子どものころまでさかのぼって考えると発想が広がり効果的です。

†「時流に乗っている」ことが大切

最後に、あなたがやろうとしていることは「時流に乗っているか」をチェックします。これは「世の中の流れに沿っているか？」という意味です。時間的、資金的な制約がある週末起業で、世の中の流れに棹《さお》さすようなことをやると苦労します。

たとえばある方は、不動産の知識と、愛犬と暮らした経験をいかして、ペット共存型マンション専門の住宅アドバイザーとして、大家さんなどを顧客に、コンサルティングをはじめました。

ペットをテーマにしたビジネスは、少子化や晩婚化、癒しブームにもマッチしており、時流に乗っているといえます。こうした流れに沿えば、突飛なものをはじめるより、ずっとうまくいく可能性が高まります。

このように、週末起業の分野を絞り込んでいくわけですが、そのときに大事なことがあります。それは、以上説明した順番で**絞り込み**をしていくことです。

つまり、まず「やりたいことは何か」を考え、次に「それが自分にできるのか」を考え、最後に「時流に乗っているか」をチェックしていくのです（図表5）。

どんなに「時流に乗っていること」でも、自分にできなければ意味がありません。また「自分にできること」でも、それが「好きなこと」でなければ、貴重な休みを犠牲にしてまでやる意味がありません。

ところが、多くの人は起業のテーマを考えるとき、逆の順番で発想してしまうのです。つまり、まず「流行っていることは何か」から考えようとするのです。

その証拠に、「これから週末起業をはじめたい」と考える人から持ちかけられる相談で

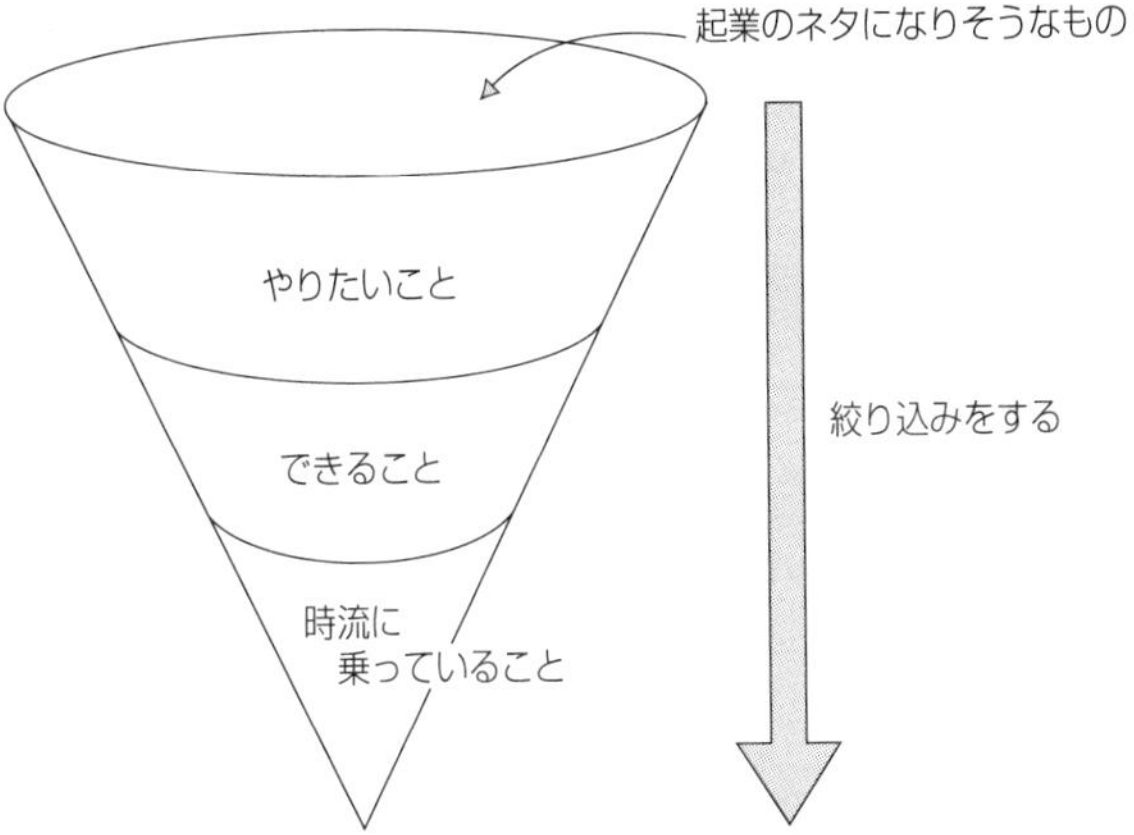

図表5　失敗の少ない起業ネタの運び方

いちばん多いのが、「自分でビジネスをやりたいのですが、いま何が流行っていますか？」という相談です。

たとえば、一時期よくあった相談が「最近、インターネットで物を売るのが流行っているそうですが、何を売ったら売れるでしょうか」といった類の相談でした。

しかし「流行っている物」は、すでに他の人か、他の会社がやっています。そういうものを後追いして、今から苦労して立ち上げるのは得策ではありません。むしろはじめから検討材料としては除外しておくべきです。

次に多い質問が「私は○○ができます。○○をテーマに起業したいのですがどうすればいいでしょう？」というものです。

たとえば以前、私の起業相談会にみえた方

で「私は、入社してから二十年、経理畑一筋です。経理のことなら誰にも負けません」という方がいました。

その方に「平日、二十年ものあいだやってきたことを、さらに週末にもやりたいのですか」と聞くと、実は「そうでもない」という答えが返ってきました。話を聞くと、どうもその方の場合は、たんに新入社員のときに経理部に配属され、その後もずっと会社の都合で経理をつづけてきただけということでした。

もちろん得意なことを考えることは近道だと思います。しかし、「得意なこと」と「やりたい」ことが一致するとはかぎりません。週末起業において大切なのは、**「〝得意なこと〟を本当に〝やりたい〟のか」**ということを自分で確認することなのです。

週末起業をはじめると、サラリーマンにとっては貴重な土・日曜日、ときには深夜に及ぶまでやるのです。したがって、本当に「やりたいこと」でないと長続きしません。だから、テーマが見つかったら、ぜひ「本当に週末にまでやりたいのか?」「眠い目をこすってでもできるのか?」を、よく考えてみてください。

†「何を売るか」を絞り込む

テーマが決まったら、次に**「何を商品にするか」**を考えます。ビジネスとは「お客様に価値あるものを提供して、その見返りにお金をいただくこと」です。そこで「何をお客さんに提供して（売って）お金をいただくか」を考えます。

ところが「趣味からビジネスを発想しましょう」というと、ほとんどの方が趣味に関するモノを売ることを考えます。

たとえば「趣味は魚釣りです」という方は、たいてい「インターネットで釣竿を売ります」という発想になりがちです。しかし、これではありきたりすぎます。世の中に釣竿を売っている店は星の数ほどあることを考えると、よほど工夫しないと失敗します。

そこで、モノ以外にもいろいろ売れそうなものはないか検討してみます。コツは、あなたが起業したいと考える分野に関するモノ、ワザ、知識・情報、人脈のうち、売れそうなものはないか考えてみることです。

たとえば、釣りが趣味なら次ページの図表6に示したとおり、四つの視点から考えてみます。

この表のように四つの「売り物」から、具体的に「売れる物」を考えると、いろいろな「商売」になります。そのなかから「これなら自分にできそうだ」というビジネスを選べばいいのです。

この表を私は、すでに何かビジネスをはじめている人にも見せています。

売り物のタイプ	具体的に売れるもの	商　　売
モノを売る	釣竿や釣り道具	釣り道具屋
ワザを売る	釣りの技術	釣りの代行業、場所取り代行
知識・情報を売る	釣り方に関する知識	釣り教室、釣果速報の発行
人脈を売る	釣り人や釣り船との人脈	釣り船の手配業、釣仲間のサークル運営

図表6「商売」の考え方

たとえば、知人の税理士は中小企業の経理担当者に代わって、記帳代行をしていましたが、「あまりにも忙しくて、体がいくつあっても足りない」と嘆いていました。

これは、代行ビジネス、つまりここでいう「ワザ」を売っていることになります。

そこで、上の表を使い、他にどんなものが売れそうか、二人でアイデアを出しました。たとえば、表中の「知識・情報」を売ることを考えます。すると、帳簿のつけ方に関するセミナーを開催することができそうだということになります。

次に、「モノ」を販売できないかと考えれば、そのセミナーをビデオに収録してビデオを売るとか、テキストを教材として売る、といったことに思いいたります。

さらに自分の「人脈」を活かしてビジネスができないかと考えれば、税理士と中小企業の経営者を結びつける斡旋ビジネスが考えられます。

このように、すでに何か「売り物」があっても、いろいろと形を変えることで、新しいビジネスを発案することができるのです。

✝ビジネスチャンスの探し方

自分の趣味に関して「困っていること」「あったらいいな」と思うことがアイデアにつながることがあります。たとえば、釣りを例にとれば、

・特殊な魚を釣るための釣り道具が、なかなか地元で買えない
・渓流釣りを誰かに教えてもらいたい
・釣れすぎた魚を販売したい
・釣道具を誰かに修理してほしい
・釣りの仲間がほしい
・はじめての釣場の情報がまったくない

このように、いろいろと困ったことがあるなら、**それをあなたがビジネスで解決できないか**考えてみましょう。こうすると、アイデアが出てくるのです。

もし、あなた自身に「ビジネスにできるほど知識・経験はない」ということなら、あな

た自身がやらなくても結構です。たとえば、

・売れるほどの絵は描けないが、人の絵を売ることならできる
・ミュージシャンやお笑いタレントにはなれないが、彼らのプロモーターにならなれる

そういうことは、いくらでもあります。

たとえば、ある週末起業家はアートに興味があり、自分でも作品をつくります。しかし「売れるほどの作品はつくれないし、つくる時間もない」と悩んでいました。そこで代わりにアーティストの卵たちの作品を販売するサイトを運営することにしました。ご本人が絵を描くのではなく、まだ世に出ていないアーティストを発掘してきて、その作品をインターネットで販売するのです。

ほかにも、イラストレーターの奥様が描いた似顔絵を、ご主人が名刺に加工してインターネットで「似顔絵名刺」として販売する人、奥様が趣味で作った人形の洋服を、ご主人がインターネットで販売するといったことをやっている週末起業家が、実在しています。

世の中には「売れるほどのものが描けない、つくれない」と嘆く人と同じくらい、「作品はつくれるが、どう売っていいか分からない」という人がいるものです。ここに着目す

れば、ビジネスの可能性が広がります。

顧客対象を絞り込む

また、売る物はありきたりでも、お客さんを絞り込んだり、これまで誰も売ろうとしなかった対象に売ることでユニークなビジネスが生まれることがあります。

たとえば、ある週末起業家は、パソコン教室をやりたいといっていました。しかしこの手のパソコン教室は、どこにでもあるビジネスです。そこで子ども向け、お年寄り向け、在日外国人向け、忙しいビジネスマン向けという具合に、対象者を絞り込んだビジネス・モデルを考えました。その結果、地元の中小企業の経営者でパソコンに不慣れな方に特化して、eメールの書き方などを教えるごく初歩的なパソコン教室をはじめることにしました。

何を隠そうこの週末起業というコンセプトも、対象を絞り込んで独自性をだしています。世の中には、起業ノウハウは、掃いて捨てるほどあります。しかしサラリーマン限定の起業ノウハウは他にありません。それを表現するために起業の前に〝週末〟という文字をつけたわけです。

†商品をどのように売るのか？

「これは！」という商品がきまったら、次はその商品を「どのように売るか」を考えます。商品だけがあっても、ビジネスとして成立するわけではありません。自分とお客さんの間を商品と情報、そしてお金がスムースに流れていく、一連の仕組みを考える必要がありま す。

たとえば、商品を仕入れ、陳列し、それをお客さんに知らせ、買いたいというお客さんからの注文を受け、受注の結果を知らせ、代金をいただき、納品書を添えて発送し、受け取りの確認をし、領収書を発行する、といった一連のプロセスを完結させる必要があるのです。

このプロセスを完成させるのにいちばんいいのは、自分のビジネスのお手本になりそうなお店を見つけて、そこで**お客さんとして買ってみる**のです。するとどのようにお金と商品が流れていくのかを知ることができます。また、そこで発行される納品書や領収書のフォーマットや、顧客対応の言い回しなどを参考にすることができます。

なお、この段階、すなわち「どうやって売るか」で、あなたならではの提供方法を考えると、商品がありきたりでも、他にはないビジネスにすることができます。

たとえば、インターネットが登場したばかりのころは、インターネットで本を売ることは、それまでにない斬新なビジネスでした。

ほかにも、英語で提供する、二十四時間以内に提供する、お見立てをするなど、商品やサービスを提供する方法を工夫するだけで、ありきたりの商材でもユニークなビジネスをすることができるのです。

†オンリーワンビジネスに仕立てる

商品と仕組みが決まったら、それが「ビジネスとして成立するのか」をチェックしましょう。そのとき、次の二点からチェックすることをお勧めします。

・お客さんはいるか？
・すでにやっている人はいないか？

まずお客さんがいなければ売れません。売れない週末起業は、ただの趣味です。「あなたの商品は売れるのか」を考えます。

また、すでに同じことをやっている人がいると、競争が発生します。とくにすでに大手

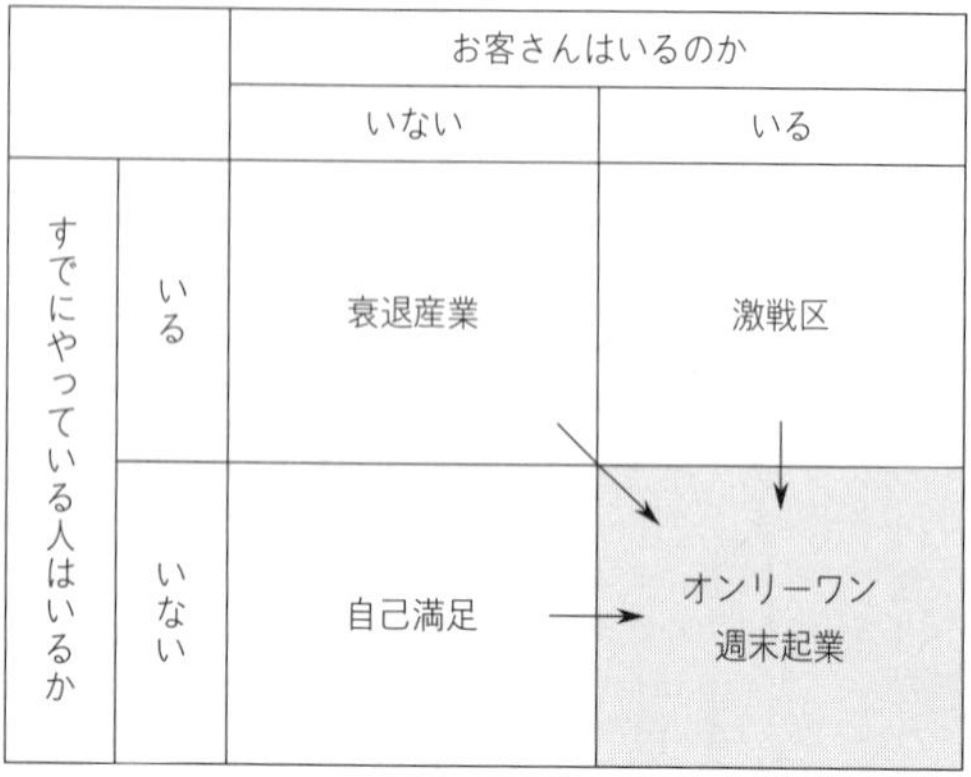

		お客さんはいるのか	
		いない	いる
すでにやっている人はいるか	いる	衰退産業	激戦区
	いない	自己満足	オンリーワン週末起業

図表7　週末起業に適した起業分野

が参入していたり、本業でやっていたりする人がいるビジネスは、資金と時間に制約のある週末起業では太刀打ちできませんので避けたほうがいいでしょう。

週末起業では「ナンバーワン」を目指すのでなく**「オンリーワン」を目指す**ほうが得策です。いろいろな業種がある「週末起業」ですが、いずれも「オンリーワン」になっています。これが成功の秘訣といえるでしょう。

たとえば、ロシア製のカメラの輸入販売をしているオンラインショップがあります。このお店は、他にライバルがいないオンリーワン性がウケました。ロシアのカメラはファッショナブルで話題になっていたのですが、なかなか手に入りません。そこにいち早く目をつけてロシアから直輸入、店主が自ら詳細なオリジナルの解説を加えてインターネットで販売したのです。

これが、新宿や池袋の激安カメラ店でも売っているカメラを売っていたとしら、絶対に成功しなかったでしょう。他では手に入らない商品に、他では手に入らない店主のウンチクなどの情報を加えて販売することでオンリーワンビジネスに仕立て、成功したのです。

他にも、自分で描いた似顔絵を名刺に刷り込む似顔絵名刺の店、人形用の洋服を手作りして販売するオンラインショップなど手作り品の店は、他で買えない商品を扱うオンリーワンショップです。

このように、「**自分ならではの商品**」「**希少価値がある商品**」だからこそ、ライバルに参入されにくく「週末起業」にふさわしいといえます。

「ニーズは確実にあるが、お客さんの数が少ないため大資本が参入していない」そういう市場を見つけ、「自分にしかできない」「誰もやっていない」やり方で参入できればベストです。

†効率のよい顧客獲得の方法

さて、いよいよ商品を販売します。ところで、あなたは最初のお客さんをどのように開拓しますか？　どんなビジネスでも必要なのが顧客の獲得です。この営業には基本があり

ます。それは、

① 見込客を集め
② そこに売り込みをかけ買っていただき
③ さらに二度三度とくり返し買っていただく

ということです。

ここでいう「見込客」とは、買ってくれそうなお客さんのことです。顧客獲得では、のべつまくなしに売り込みするのではなく、買ってくれそうなお客さんを一カ所に集め、そこに集中的に売り込みをかけることです。

私もサラリーマン時代に営業をしていましたが、「これから売り込みをかけるぞ」というときには、住所のデータを買ったり、これまでに買ってくれたお客さんのデータを元に、ターゲットリストをつくったりしたものです。

しかし、問題があります。週末起業ではお金をかけられません。またこれからはじめて販売するため、過去のデータはありません。さらに週末起業家は、本業の会社勤めのために、平日の日中などの時間帯に自分の足で歩いて営業できません。そのため、一般的な営業活動ができません。どうしたらいいのでしょうか。

そこで、ここでもインターネットを活用します。これがかぎられた時間、資金、人手のなかで効率よく営業をするカギなのです。

†メールマガジンを利用して顧客開拓

見込客を集める方法として、第一章で紹介したメールマガジンを発行することが有効です。メールマガジンは、「まぐまぐ」などのメールマガジン発行サイトを利用すれば、誰でも簡単に、しかも無料で自分のメルマガを発行することができます。

その情報に興味を持った人が、メールアドレスを登録して読者になります。そこにメールマガジンを発信するのです。

メールマガジンの読者は、読者であると同時に、**見込客**であると考えることができます。なぜならメールマガジンの読者は、特定の興味・関心がある人だからです。その興味・関心に関連する商材であれば、敏感に反応して買ってくれるからです。

しかもメールマガジンの読者は、発行者に強い親近感を持っています。そのため発行者がお勧めする商材は、たんなるダイレクトメールが勧める商材より、はるかに好意的に評価してくれます。

私がメールマガジンを発行することで、出版社からの問合わせを受け、連載にこぎつけ、今のビジネスのとっかかりにしたことはご説明したとおりです。

他にも自分のメールマガジンの読者に、自分の本の宣伝をさせてもらったことがあります。そのときメールマガジンの読者は四千名くらいでした。

しかし私が本を書いたことを記事にしてお知らせすると、お祝いの言葉とともに、購入を希望するメールがつぎつぎと入り、希望者を募ると、なんと百冊の在庫が即日完売したのです。

この百冊という数字は、数こそ少ないですが、個人のビジネス書の販売実績としても、ダイレクトメールの反応としても、驚異的な水準だそうです。

ならば、発想を逆にして、自分が売りたい商品を買ってくれそうな人が読みたい情報をメールマガジンで発信すればいいのです。うまくいけば、いきなり数千名の読者に登録してもらえます。彼らはそのまま、あなたの大切な見込客になります。

メールマガジンなら、何通送ろうと手間はかかりません。また発行も無料です。これがお金をかけない週末起業家には魅力です。こうしたお客様候補に、メールマガジン誌上で商品の売り込みを働きかけ、ホームページ上で買ってもらうのです。

このようにインターネットを活用して工夫すれば、お金をかけたり、日中営業したりしなくてもお客さんに買っていただくことができ、週末起業でも十分にビジネスが成り立つというわけです。

†本業とのメリハリをつける

こうして週末起業が立ち上がり、事業が回りはじめると、新たな悩みがでてきます。それは、会社の仕事と週末起業の境界線をどう引くか、です。

私の場合、これを可能にしてくれたのが専用の情報機器でした。まず週末起業をはじめるにあたって、専用の電話回線、携帯電話、FAX、そしてインターネットに対応したパソコンなどに投資をしました。すでに所有していたものがほとんどでしたが、合計二十万円程度の初期投資、ランニングコストは一カ月あたり一万円くらいでした。

日中が自由にならないので、週末起業のコミュニケーションは極力eメールに集約し、昼休みなどに一日数回のメールのチェックをしつつ、本業就業後帰宅してからまとめて処理するといったことをしていました。

最初はプロバイダーのメール転送サービスを利用し、週末起業宛てのメールを会社のパソコンに転送していました。ところが週末起業でのビジネスが盛んになるにつれ、会社のパソコンにどんどん週末起業のメールが来るようになり「これはまずい」ということになりました。

いろいろ試した結果、「**webメール**」という、自分から所定のホームページにアクセスして自分あてのメールを確認する方法があることを知り、こちらを採用しました。このサービスは、YAHOO!やMSNなどが無料で提供しているため、独立した今でも愛用しています。

このwebメールを利用すれば、街のインターネットカフェでも、海外旅行先でも、インターネットにつながるパソコンさえあれば利用することが可能になります。

†電話での問合わせにはどう対応するか

なお、どんなに「問合わせはeメールに集約」といったところで、必ず電話をかけてくる人はいます。そういう電話はボイスワープというNTTの転送機能で、自分の携帯電話に転送していました。転送される携帯電話には必ず有料の留守番電話サービスをつけておきます。

また自宅の電話回線も個人用、週末起業用、ファックス専用とし、週末起業のお客様からかかってきた電話に子どもが出てしまったりするトラブルを、未然に防ぐことができました。

なお、昼間の時間帯に、携帯電話で対応できないという人もいるでしょう。その場合、**秘書代行サービス**を利用することもできます。秘書代行サービスとは、お客様からの電話連絡にオペレーターが対応してくれ、のちほど電話やファックスでまとめて連絡してくれるサービスです。

顧客との打ち合わせの最中や会議中などに携帯電話が鳴っても、電話に出ることはできません。ですから、大切な打ち合わせのときは、いつも私は携帯電話の電源を切っておくことにしています。かといって、いつも留守電だとビジネスチャンスを失う恐れもあるので、あるときから思い切ってこの秘書代行サービスを使うようにしました。

このサービスの利用代金は月額二万円ほどで、私のような週末起業家にとっては結構な固定費でした。けれども、そのころにはそこそこ収入もあったので、思い切って導入することにしました。

余談になりますが、これには思わぬ効果もありました。電話をかけてきた相手のなかに、秘書を雇っているような印象を与えるのです。クライアントのなかには、今でも「秘書のいるコンサルタント＝儲かっているコンサルタント＝優れたコンサルタント」といった勝手な先入観を持っている人もいて、「これが理由で受注につながったのでは？」と思うことがあるくらいです。

さらに秘書代行サービスには、時間貸し会議室、事務机、郵便物の住所貸し、月極めロッカーなどのサービスもあります。利益が出るに応じて、これらを追加で利用すれば、自宅以外に拠点がもてます。

こうしてたとえ自宅が郊外にあったとしても、お客様には丸の内にオフィスを構えているようにみせたり、会社の行き帰りに作業をしたりすることが可能です。かつては私も終業後にここにこもってよく原稿を書いたものです。

†人手不足の悩みもネットで解消

なお、インターネットをうまく利用すれば、人手不足の悩みも解決することができます。たいていの場合、週末起業は一人ではじめます。そのため最初は何でも自分でやらざるを得ません。

しかし自分一人でできることには限界があります。そのため、ときには外部の人間に仕事を頼みます。翻訳やホームページの作成、経理事務など、外部に委託したほうがずっと効率的なことはたくさんあるからです。

こうしたアウトソーシングの活用を効率化するのがインターネットです。つまり外部の助っ人たちとの出会いや連絡が格段に改善するのです。

ビジネスとは、もともとお客さんや社員、仕入先などパートナーとの出会いとやり取りで関係をつくり、さらにそれを組織化する過程で利益が生まれるのです。ですから、インターネットを上手に利用してこの過程を効率化し、時間とお金を節約することができれば、会社に勤めながらでも自分の好きなことをビジネスにできるわけです。

なお、外部のスタッフにお願いするときも、できれば他の週末起業家にお願いしましょう。そのほうが、打ち合わせを土日に設定できる、電話は平日の日中はしない、極力メールで済ますなど、やり取りが楽になります。そして、なんといっても仕事を安くお願いすることができます。

このように資金に限りのある週末起業であっても、情報機器や便利なサービスは、絶えずチェックし、必要なインフラ（というほどのものでもありませんが）投資は積極的に行うことで、本業と両立させることができるのです。

†週末起業を成功に導く五つの心得

以上、私の体験も交えながら、週末起業の立ち上げについて解説を加えてきました。この章の最後に、私なりに週末起業を通して得た体験から思う、成功するための心得を紹介しましょう。

心得1　継続的に投資をする

やりたいことが決まったからといって、いちどに多額のお金をかけるのは禁物です。最初からうまくいくとは限らないからです。今ある資金で、少しずつはじめるのが週末起業のポイントです。

ただ、ある程度の投資は必要です。ビジネスでは投資をしなければ、リターンはあり得ません。そこで儲かったら、**利益の一部は必ず次の投資にまわしましょう。**

私は最初、ボーナスの一部、本来ならレジャーにあてていたお金を投資にまわしていました。その結果、家族旅行を我慢することになりました（これは週末起業が忙しすぎて、とてもレジャーに行く暇などなかったため、たいした問題になりませんでした）。これなら、たとえ万一失敗しても、「もともと遊興費として消えていたお金」とあきらめがつきます。

週末起業が軌道に乗ってきたら、儲けの一部を投資にまわすようにします。私の場合は、週末起業時代から、今にいたるまで売上げの一〇％を広告宣伝に、さらに一〇％を仕入れ（書籍などの勉強代です）にあてるようにしています。

こうして継続的に投資することがビジネスで成功するための最大の秘訣だと思います。

少しくらい儲かったからといって、まちがっても贅沢して散財してしまうことのないようにしましょう。

心得2　家族を巻き込む

平日は会社、週末は趣味を活かしたビジネスで部屋にこもりっきり……。これでは家族が不満をいいます。

そこで家族を巻き込みましょう。たとえば、オンラインショッピングなら、受発注は奥様、梱包作業は子どもという具合に役割分担を決めます。また買い付けは子どもとドライブを兼ねて、などと工夫はいろいろできるはずです。ビジネス自体をレジャーや起業家教育の一環にしてしまうのです。

私もフリーマーケットに関する原稿を書かなければならなくなって、家族でフリーマーケットに出店したことがあります。そのとき家族は、単純にレジャーとして楽しんでくれました。おまけにお金は儲かるし、子どもの起業マインドは育つしと、**一石三丁の効果**があったと自分では満足しています。

他にも、お客様からの対応やホームページの更新などは、妻に頼みました。

これには後日談があります。妻はそのスキルを活用して、何と自分のオンラインショップを開設してしまったのです。いまではちょっとした売上げをあげるまでになっています。「いやーうちの女房は、絶対に協力してくれないよ」なんてこぼしている方もいるかもしれません。そういう方は、とにかく一円でもいいから週末起業で稼いでみせることです。そうすれば、ご家族の理解は急速に高まり、まちがいなく協力が得られるようになること請け合いです。

心得３　会社には内緒にする

就業規則はいちどチェックしておくべきです。前章でも述べましたが、日本では八割以上の会社が兼業を禁止しています。会社も大目にみてくれるとはいえ、一応チェックしておくべきでしょう。

かりに、「会社の就業規則上問題ない」とか「社長を説得した」という場合でも、**同僚には極力知られないほうがいい**みたいです。「会社はＯＫだが、上司の本音はダメ」ということがあるからです。サラリーマンなら、いくら制度で認められていても、「直属の上司には睨《にら》まれたくない」というのが本音でしょう。

また、実は意外と盲点なのですが、週末起業の妨げになるのが、周囲のねたみややっかみです。週末起業家の多くが、会社に承諾をもらったので調子に乗って同僚に話したとこ

ろ、

「ねたまれて会社に居づらくなった」

「儲けているんだから、少しはおごれと言われるようになった」

「仕事でミスをすると副業のやりすぎだとイヤミを言われるようになった」

「外出のたびに、周囲の疑いの視線を感じるようになった」

などと告白しています。これが理由で会社に居づらくなり、退職を余儀なくされた人もいるくらいです。

というわけで、週末起業は、周囲には知らせずに、こっそりやることをオススメします。

心得4　時間を確保する

趣味なら時間を存分にかければいいのでしょうが、週末起業はビジネスです。ビジネスでは時間もコストですから、際限なく時間をかけるわけにはいきません。いつも**コスト意識**をもって取り組んでください。

また、平日は会社の仕事があるわけで、たえず時間不足との戦いです。そこで週末起業の就業時間をきちんと決めて取り組むようにします。

私の場合は、「平日は毎日、午後九時から十二時まで、休日は土曜日全部を週末起業にあてる」といちおうは決めていました。そしてそれをきちんとスケジュール帳にも書き込み、守るようにしました。そのため上司の誘いなどもすべて断りました。自分とのアポイントをとり、それを厳守したのです。

「余った時間に週末起業をやる」という趣味の延長感覚でやっているようでは、週末起業はやっぱり趣味のままで終わってしまいます。

心得5　ビジネスを楽しむ

最後に、実はこれがいちばん大事なのですが、とにかく週末起業のビジネスを楽しむことです。

儲けばかりを意識すると、とたんに楽しくなくなります。趣味をテーマに週末起業をした人は、下手をすると大事な趣味まで失います。

とくに、週末起業の場合、一通の郵便のために郵便局に走ったり、千円稼ぐのに丸一日かかったりすることもあり、とたんに嫌になる人もいるようです。

趣味や好きなことをテーマにしたなら、もともとお金など得られないもの、むしろお金を払ってでもやりたいもののはずです。ある程度は割り切って「一円でもお金がもらえれば儲けモノ」くらいの気持ちで、**まずは楽しむつもりでやることが大事**です。

そうするうちに、その楽しさがお客さんや取引先にも伝わり、儲けも自然についてくるはずです。

私もサラリーマン時代には会社では数千万円単位の請求書をふりだしていたのに、家では五千円とか、一万円とかいう請求書を、徹夜でせっせとつくっている自分に気づき、思わず笑ってしまったことがあります。

それでもその請求書の重みは、会社でふりだす数千万円の請求書より、何倍も価値のあるモノに思えたことを、昨日のことのように覚えています。

第四章

週末起業家のための税金講座

†税金を知らないとバカを見る

この章では、週末起業をはじめる方が、最低限知っておくべき税務の基礎知識に触れます。週末起業をはじめるにあたり、最も気になるところだと思います。

サラリーマンと起業家の大きな違い、それが税に対する関心です。サラリーマンの場合、税務に関する手続きは会社がすべてやってくれます。そのためサラリーマンは一般に**納税者意識を持ちにくく**なっています。「だからサラリーマンは政治に無関心なんだ」とまでいう人もいるくらいです。

たとえばサラリーマンは、毎月税金を給料から天引きされています。これを当たり前だと思っているかもしれませんが、これはサラリーマンに対する特殊な扱いです。税金とは本来、稼いだ額に応じて年にいちど後払いするものなのです。

これを知らずに週末起業で稼いだ資金を散財し、納税の時期になって税負担に青ざめた週末起業家が実際にいます。

また起業家は「申告納税」といって税金の計算から税務署への申告も自分でやります。そのため、税の知識がないと困ります。

たとえば、知らずに脱税してしまうことがあり得ます。また知識がないばかりに余計な税金を払って損をすることもあります。税金は払わないとひどい目に遭いますが払い過ぎていても、税務署は教えてくれません。税に関する知識の有無が納税額の差につながるのです。

私が会社に勤めていたときは、週末起業をしていたためにサラリーマンでありながら確定申告をしていました。最初の申告時には、税金の本を買い込んだり、税務署に日参したりして勉強しました。

ところが申告そのものはあまりにもあっけなくて、拍子抜けしました。要するにノーチェックで、こちらの言い値ベースなのです。

分厚いレシートの束も持っていきましたが、見せる機会すらありませんでした。よく考えてみれば、郵便でできるくらいなのですから、ノーチェックなのも当たり前の話です。とにかく、計算間違いがあろうが、申告漏れがあろうが、たいしたチェックもなく通ってしまいます。

†「オバケは出てから怖がりましょう」

では、確定申告は適当にやっておけばいいのか、というととんでもありません。税務調査があるからです。

あとでチェックされて、間違ったことや、いい加減なことをしていれば過去にさかのぼって追徴されますし、下手をすればペナルティーを課せられます。だからこそ、世の経営者たちは、血道を上げてレシートを保存したり、暇さえあれば節税の方法を研究しているのです。

週末起業は、半分サラリーマン、半分起業家です。そのため**税金についても起業家並みの知識が必要**になるのです。

会社から給与所得を得ながら、他の所得を得るのですから、週末起業家はより複雑といえるかもしれません。ただ、あまり深入りするのも考えものです。

はじめにひとつだけ言いたいことは、

「皆さん、納税方法や、ましてや節税の事に頭を悩ませるより、売上げをあげることを考えましょう」

ということです。

実は「週末起業をしたい」という人のなかには、はじめる前から税金の心配ばかりしている人がいます。そういう人には「オバケは出てから怖がりましょう」とアドバイスすることにしています。

税金は売上げがなければかかりません。週末起業でビジネスをはじめる前から、儲かることを見込んで頭を悩ますのは大いに結構ですが、税金で頭を悩ませるほど儲かるなら、そのときに**専門家を雇えばいい**だけの話です。

週末起業家には時間がかぎられています。節税よりも、どうしたら売上げを伸ばせるかを考えるほうに頭を使うべきです。

ここではいわゆるサラリーマンと起業家とでは、税金という側面からみると、そうとう違うことを理解していただくために、知っておくべき税金のエッセンスについて説明していきたいと思います。

まず週末起業をはじめるに際し、必要な対応としては次の三つの選択肢があります。

① 税務署に開業届けを出さずにはじめる
② 税務署に開業届けを出してはじめる
③ 税務署に開業届けを出し、さらに青色申告をしてはじめる

これについて個別に説明する前に、簡単に税金について解説をしましょう。

†まず「所得税」を頭に入れる

税金には大きく分けて「所得税」「消費税」「資産課税」があります。ここでは週末起業家が、もっとも気にすべき「所得税」にかぎって説明します。

「所得税」とは文字どおり「所得」に課せられる税金のことです。週末起業とは、税の世界からみれば、この「所得」がひとつ増えることです。そのためまず「所得税」について押さえておくことが大切なのです。

最初に「所得」と「収入」という言葉は、別物であることを覚えてください。税法上の「所得」は、次の計算方法で算出されます。

「収入」−「支出」−「控除」=「所得」

入ってきたお金から、その収入を得るためにかかった経費（必要経費）を引いたものが「所得」です。この所得から、所定の控除をマイナスし、そこに税率をかけて納税額を求めるのです。

「控除」とは、所定の金額をお目こぼしとしてマイナスするもので、その人の家族構成な

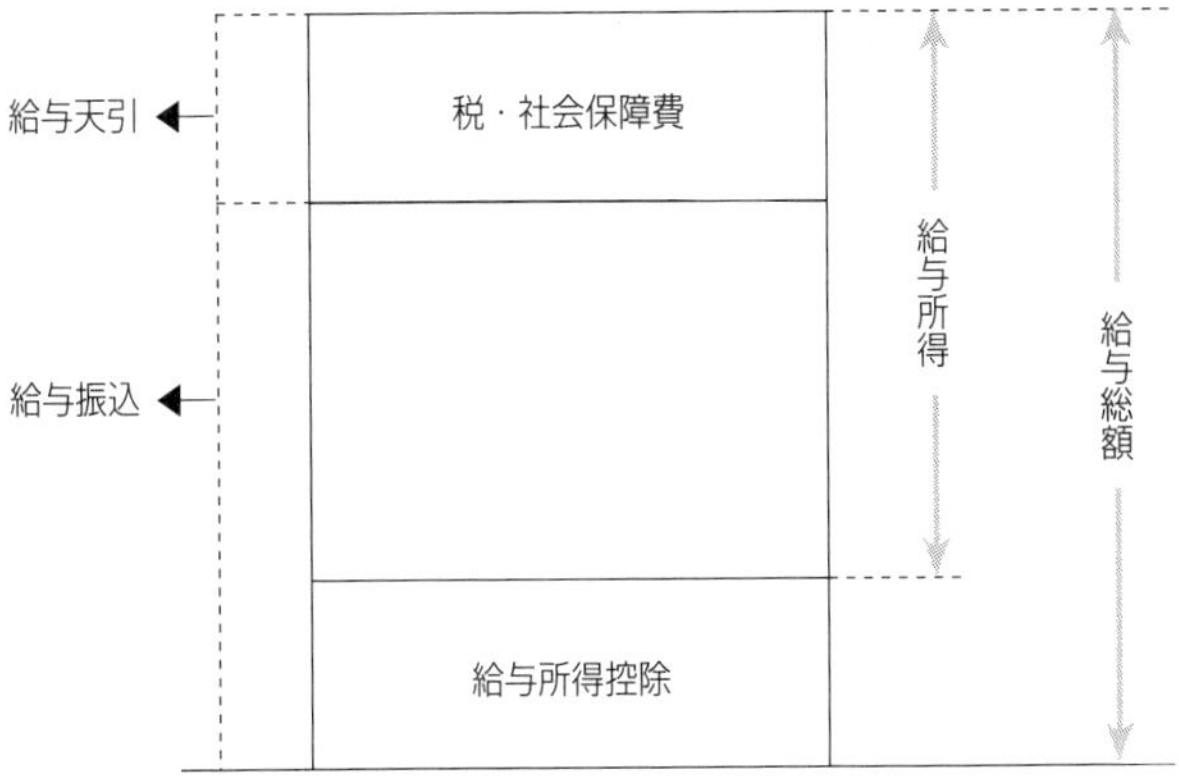

給与からサラリーマンの必要経費である給与所得控除を引くと給与所得が自動的に決定する。会社はそこから税額を求め、税務当局に代わり給与天引で徴税、一括して納税する。残りを給与として社員の給与口座に振り込む。

図表8 給与所得と税金の関係

どに応じて決められます。「所得税」といっても「所得」すべてにかかるわけではなく、「控除」を引いた残りにかかるのです。これが大きいほど、納税額は少なくなります。

なお「所得」には全部で十種類の区分があり、それぞれ法律上、明確な規定があります。ただ、ここでは週末起業家に関係の深い三つに限定して説明します。

給与所得

給与や賞与にかかる税金でサラリーマンが毎月支払っているものです。給与から源泉徴収され、勤務先が代行して納税しています（図表8）。

なお、給与所得者には経費がありません。つまり、収入を得るために使ったお金のうち「何が経費か」がはっきりしないのです。

しかし、サラリーマンであっても、会社に着ていくスーツや床屋の費用、毎朝読む新聞や勉強のための書籍、風邪薬など、必要経費にしたいものはいろいろとあるでしょう。しかし、これをいちいち申告されたら、税務署はパンクしてしまいます。

そのため所得税の制度では「給与所得控除」というものを設けて、収入に応じて一定の金額を所得からマイナスすることができるようになっています。

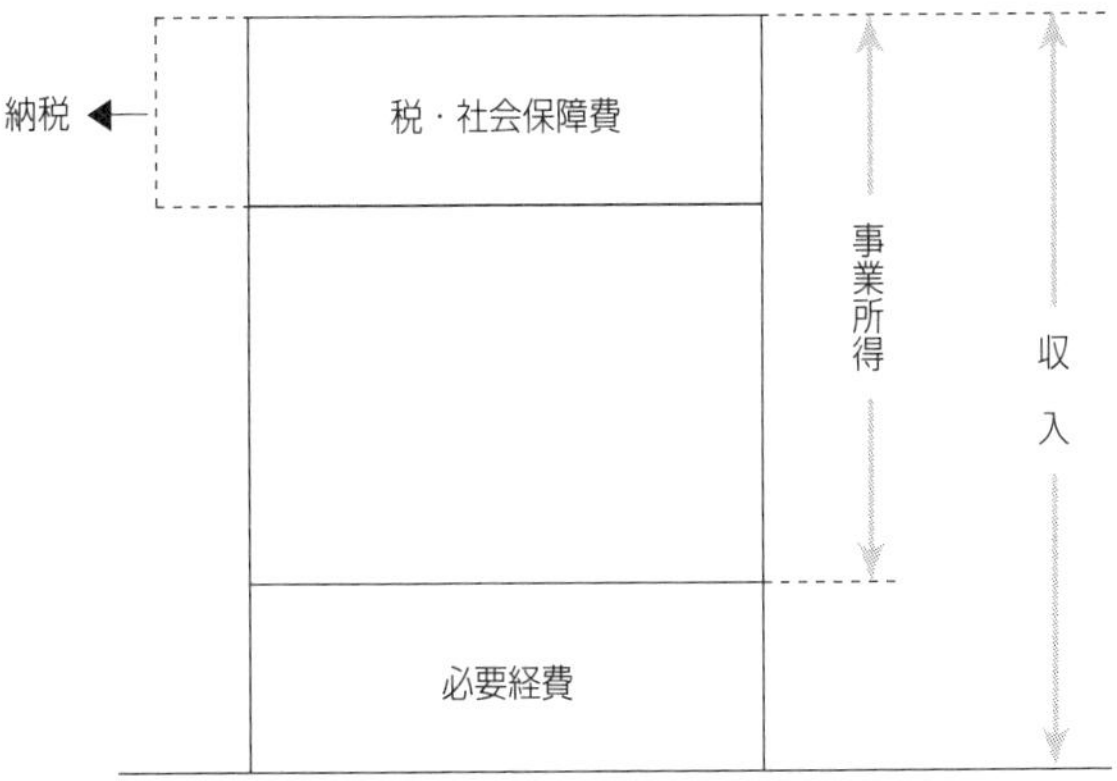

図表9　事業所得と税金の関係

収入と必要経費を自分で計算し、雑所得を求める。これに対し税、社会保障費が決定し、自分で納税する。

事業所得

法人化せずに事業をしている人が、その事業から得た所得のことです（図表9）。製造業、卸売業、小売業、サービス業などのほか、農業、漁業などから生じる所得も「事業所得」です。「個人事業主」は、税務に関する手続きを会社が代行してくれません。そのため「収入」と「経費」から課税所得を算出した上で税額を計算、税務署に申告して納税します。

雑所得

本業収入に付随する副業などの収入です。具体的には、著述家や作家以外の人が受ける原稿料や印税、講演料や放送謝金、他に年金や恩給などの公的年金、非営業用貸金の利子、などがこれにあたります。サラリーマンでも原稿を書いたり、オークションで儲けたりした場合、所得が年間二十万円を超えれば、確定申告をして税金を支払わなくてはなりません。

†週末起業家の「所得」とは？

勤務先から給料を得ながら、週末起業のビジネスからも所得を得ている週末起業家の場合、すべての所得が合算されたうえで、そこに所得税を課せられます。

では、勤務先から得る給与は「給与所得」になるのは分かりますが、週末起業の所得は先ほど説明した「給与所得」「事業所得」「雑所得」の三つの所得うち、いったいどれに該当するのでしょうか。

まず、ほとんどの週末起業家のように、法人を設立せずに個人で週末起業を行う場合、**週末起業からの所得は「雑所得」または「事業所得」のいずれか**になります。どちらになるかはケースバイケースで判断します。以下、それぞれの例について説明します。

①雑所得として申請するケース

あなたが「週末起業は会社勤めに付随する副次的なもの。だから、週末起業から得られる収入も補助的な収入」と考えるなら「雑所得」として申告するのが良いでしょう。「雑所得」は、事前に申請する必要がありません。また年間二十万円を超えない年は、確定申告すら、必要がありません。

ですから「まず始めてみたい」という人は、**「雑所得」として申告することをお勧めします**。週末起業家のほとんどが、「雑所得」で申告をしています。実際にはじめてみて、「年間の所得が二十万円を超えた」ときに確定申告をすればいいのです。

ただ、雑所得はあくまでも副次的、臨時的な所得という意味です。そのため「必要経費」として認められる範囲が、それぞれの収入を得るために明らかに直接使った費用に限定されてしまいます。そのため「事業所得」として申告するよりも、経費として認められるものが少なくなります。

たとえば私が、週末起業で経営コンサルティングをしていたときには、そこから得た所得をすべて「雑所得」として、確定申告していました。

そのときの税務署員の判断は、「収入に直結しているものとして仕事に使った書籍代や電話代などの通信費、お客さんのところへ訪問するための交通費などは経費にしてよい」というものでした。

ところが、「ただし、パソコンや家具、事務所として使っている部屋の家賃（自宅家賃の一部）は経費として計上してはだめ」ということでした。そもそもその収入を得るために購入したものではないし、かりにそのために購入したものであっても、その後、他の目的でずっと使うからです。

なお、仲間うちでは「雑所得の場合、収入の三分の一くらいまでなら、領収書などなくてもとくに問題なく経費として認められる」と、まことしやかにいわれていました。しかし、これには何の根拠もないそうです。

ところで、原稿料など特定の収入の場合、普通一〇％程度の所得税がすでに源泉徴収されています。取引先があなたの代わりに税務処理をしてくれているのです。

その場合は、かりに所得が二十万円以下でも確定申告をすると、すでに納めた税金が還ってくることがあります。なぜなら、取引先はあなたがどれほどの経費を使っているかにかかわらず、あなたが請求した金額の一〇％を一律控除しているからです（図表10）。

ですから、収入や経費の大きさによりますが、確定申告して、かかった経費の一覧を添付して、実際の課税所得を計算し直すことで、払い過ぎた税金が返ってきます。

②事業所得としてはじめるケース

もうひとつの方法として、週末起業の所得を「事業所得」として申告する方法がありま

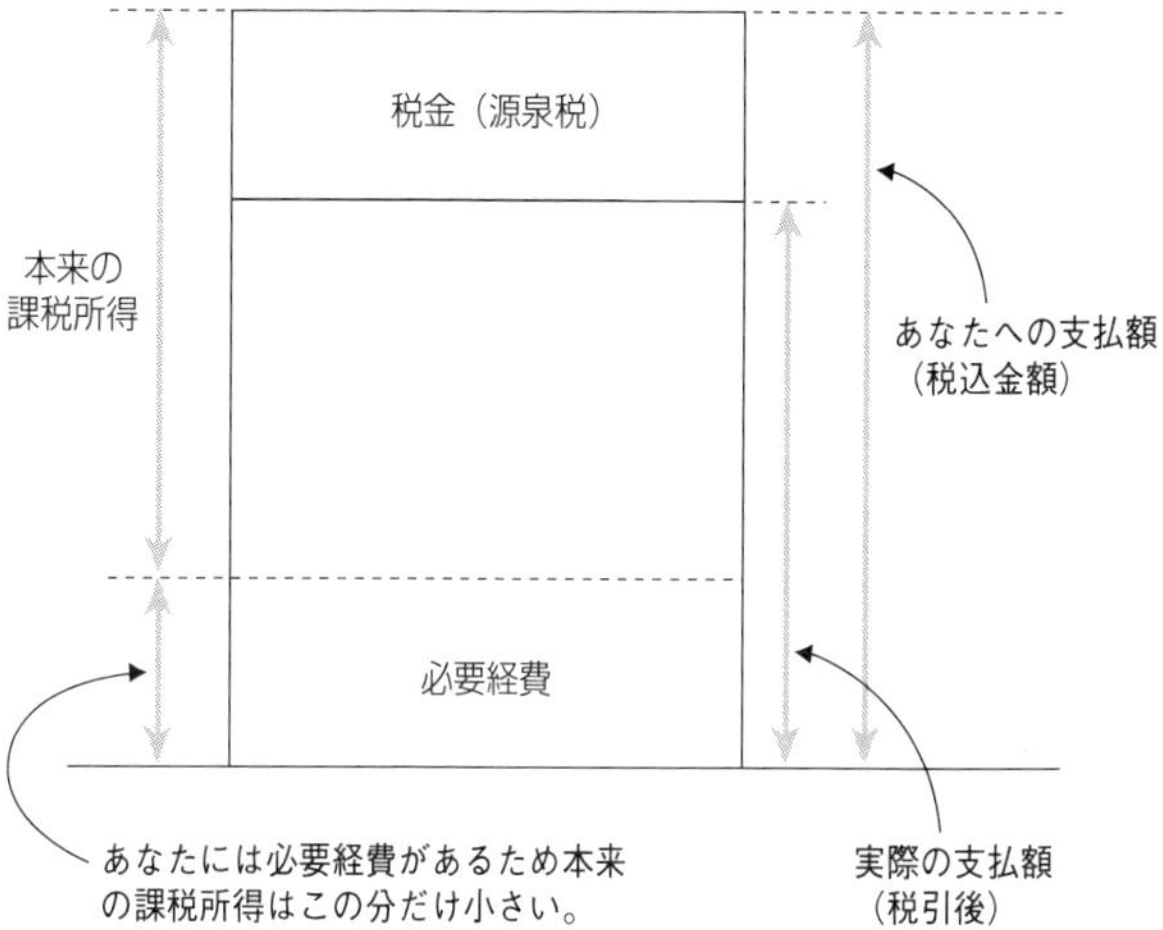

原稿料やコンサルティング報酬などの特定の収入の場合、取引先は、あなたへの支払額をもとに10%程度の所得税を源泉徴収し残りをあなたに支払っている。これに対してあなたはかかった経費をマイナスすることで本来の課税所得を小さくすることができる。差額は還付を受けることができる。

図表10　必要経費と課税所得の関係

す。つまり「週末起業は、サラリーマンの仕事に付随する副次的なものではない。ひとつの独立した事業で、当然そこから発生する所得も、独立した所得だ」として申告するのです。

「事業所得」にすると、**勤務先からの給与所得と合算できる**というメリットがあります。これを「**損益通算**」といいます。

週末起業とはいえ立派なビジネスです。ビジネスである以上、赤字もあり得ます。とくに立ち上げ時には「経費を引いたら赤字」ということがよくあります。

その際、この「損益通算」をすると、週末起業の赤字分を、会社の「給与所得」からマイナスすることができるのです。これにより課税の対象になる所得を小さくすることができ、給与から源泉済みの税金を返してもらえるのです（図表11）。

ただし、デメリットもあります。それは個人事業にすると、週末起業の所得が二十万円未満や、マイナスだった場合でも申告が必要になるということです。軽い気持ちで開業届を出すとあとで面倒な実務だけが発生してしまいます。

†開業届けの手続き方法

なお、事業所得として申告するには、原則として事前に税務署などに「事業開始の届け

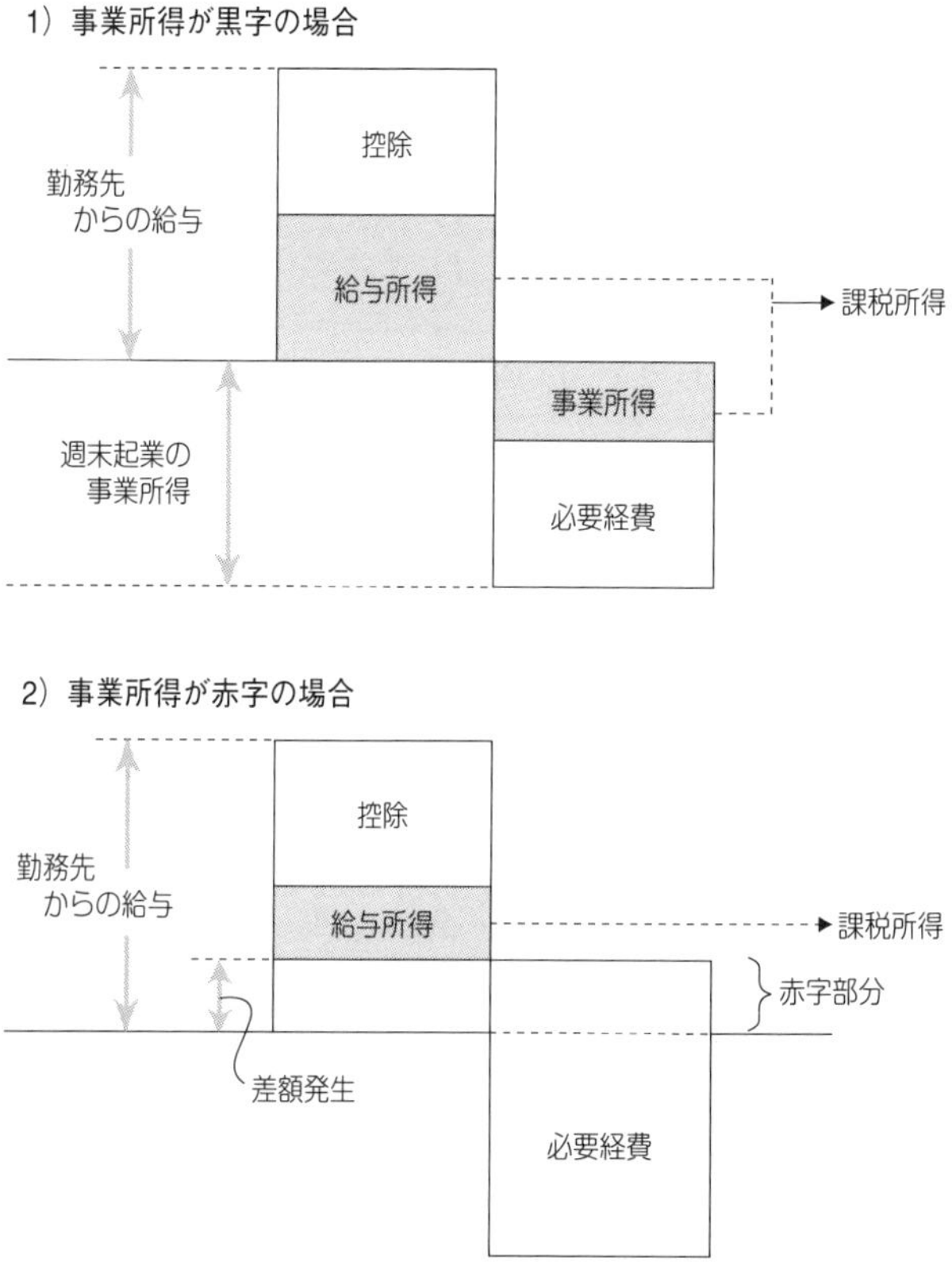

給与所得と事業所得は合算（損益通算）して課税される。事業所得が赤字ならその分給与所得を減額して源泉徴収税を取り戻すことができる。

図表11　週末起業の事業所得と給与所得の関係

（いわゆる開業届）」を提出しておく必要があります。

提出は、事業開始後一カ月以内に最寄りの税務署にします。税務署に行けば、用紙が備え付けてあります。これによりあなたの週末起業は、税法上「個人事業」として宣伝したことになり、あなたは「個人事業主」ということになります。

ところが、週末起業家の場合、この**開業届の申請を税務署で受けつけてもらえない**場合があるようです。私の知っている週末起業のほとんどが、これを受理してもらえなかったといいます。

そのとき税務署にいわれたのは「サラリーマンは会社から給与という収入を得ているのだから、それ以外の所得は雑所得です」ということだったそうです。

しかし、事業かどうかの判断基準は税務署の説明も曖昧で、「その事業に反復継続性があるか」とか「店を構えているか」とか抽象的な言い方をしていました。どうやら明確な線引きができているわけではないようです。

第一、「金額の最も大きいものが主な所得で、それ以外はすべて雑所得」などのルールがあるならともかく、そういうわけではないのに、「サラリーマンは会社の給与が主、それ以外は従」と税務署が決めてしまうのはおかしな話です。

ある週末起業家は、「俺にとっては、勤めている会社が副業なんだ！」と食い下がったそうですが、相手にされなかったようです。

これは、前述の損益通算を悪用して、むやみに個人事業をはじめてわざと赤字を出し、税負担を軽くしようとする輩が出てくることを防ぐためかもしれません。

一方で週末起業家であっても、あっさり個人事業主の届けを出して受理されてしまう人もいます。彼らは、なにも「裁判で戦って勝ち取った」というわけではありません。たんに「会社に勤めていることを聞かれなかったので答えもしなかった」とか「退職したときに提出したが再就職した」ということのようです。

†ビジネスが軌道に乗ってから個人事業化する

開業届を出したところで、実際の「所得」が事業として認められないことはいくらでもあります。あくまでも、申告時に実態をみて判断するそうですから、注意が必要です。

現に私の場合は、前述したとおり、週末起業時代「雑所得」で申告をしていました。ところが、ある年の申告の際、税務署で「事業所得」に訂正されました。

「これだけ継続して収入があるなら、事業所得ですね」

といわれ、その場で書き直されてしまったのです。

もちろん開業届など出していませんでした。

そのときはどちらでも同じだろうと軽く考えていましたが、後から「だったら、パソコン購入費や家賃の一部なども、経費として申告すれば良かった」と深く後悔しました。

それはさておきこれから週末起業をはじめる人も、まず「雑所得」としてはじめて、ある程度継続してみたらいいと思います。実際に売上げがあがって継続的に所得が見込めるようになったら、その時点で「事業所得」として申告することを考えればいいのです。

†配偶者を個人事業主にする場合の注意点

会社の就業規則が兼業を禁止しているために、奥さんを個人事業主にしてしまう方も多いようですが、その場合は注意が必要です。

かりに、今、奥さんが専業主婦の場合、サラリーマンであるあなたは三十八万円の配偶者控除を受けています。また奥さんは税金や社会保険料の支払いを免れています。

ところが、奥さんが個人事業主になると、収入から必要経費を引いた所得が三十八万円を超えたところから所得税が発生します。個人事業主が所得から差し引ける基礎控除は三十八万円なのです。そのため総所得が三十八万円を超えると所得税がかかるのです。

また、これに伴って住民税や国民年金、国民年金健康保険料の納付義務も発生します。とくに国民年金の掛け金は一律一カ月一万三千三百円ですから、年間十五万円以上もの負担になります。
さらに所得が三十八万円を超えると、あなたの給与に対する配偶者控除（一律三十八万円）が受けられなくなります。会社の配偶者手当も、妻の所得税課税に連動している場合が多いので、もしかしたら、あなたが勤務先から得ている配偶者手当ももらえなくなるかもしれません。
もちろん個人の所得は合算されますので、他にパートの所得などがある場合には、その金額も合算したうえで三十八万円が上限になります。

†レシートは保存して節税に役立てる

さて、もういちど、最初の式を思い出してください。「所得」は次の計算方法で算出します。

「収入」－「支出」－「控除」＝「所得」

「所得税」の負担を軽くするには「所得」を小さくすればいいのですが、そのためにはこの式をみれば分かるとおり「支出」すなわち**「必要経費」を大きくすればいい**のです。

「必要経費」とは「事業所得」「雑所得」など所得を得るために直接・間接に要した費用のことです。商品の仕入代金や運送費、交通費、通信費があげられます。

なお、個人の事業の場合、ひとつの支出が家事と事業両方に関わりがある費用がありま す。たとえば、交際費、接待費、地代、家賃、水道光熱費などがこれにあたります。これら家事関連費も客観性があれば、事業に要した部分はすべて必要経費にできます。

まず、レシートは保存しておきましょう。経費に算入できるものもレシートがなければ算入できません。レシート・領収書は必要経費の内容を証明する重要な証拠書類です。また、高額なものはレシートではなく領収書をもらい、宛名書きを「上様」にすることは避けるようにします。

このように「必要経費」は所得を小さくすることで、税額を小さくできます。そのためなんでも必要経費にしたくなりますが、事業に関係のない支出を必要経費に算入することは「節税」ではなく「脱税」といい、犯罪になりますので注意が必要です。

青色申告をするとさらにお得に

なお、経費のうちで大きなものが人件費です。もちろん「個人事業主」でも従業員を雇うことができます。この人件費は、経費にできます。

小資本ではじめる週末起業では、一般に人は雇いません。しかしご家族に手伝っていただくことは考えられます。

実際に、週末起業でオンラインショップを経営する人の場合、受発注担当は奥様、梱包担当は子どもというケースはよくあります。

一見、彼らに給料を払って、これを経費にすれば節税になりそうです。ところが「個人事業主」が、家族に給料を払い、それを経費とするには一定の制限があります（配偶者八十六万円、配偶者以外は五十万円）。

そこで、青色申告にして、ご家族の給与を経費に算入してよいことの承認をもらいます。こうすれば常識的な範囲なら、すべて経費にできます（ただし、配偶者控除などは受けられなくなります）。

この他にも青色申告をすると、いろいろなメリットがあります。たとえば、

・青色申告特別控除が最大五十五万円ある（事業所得が五十五万円以下なら税金がかからない）

・青色申告をした年のマイナスは三年間の繰り越しができる

ただ、青色申告にはデメリットもあります。それは、複式簿記で**帳簿**をつくる手間が生じるということです。日々の取引をきちんとした帳簿に記録する必要があります。最初は会計ソフトを購入したり、税理士に相談したりと、手間やお金がかかります。そのため「青色申告は面倒」と考える人もいるようです。

しかし、年間の所得金額が三百万円以上の場合、いずれにしても記帳義務が発生します。ですから、こんな有利な特典を使わない手はないと私は思います。週末起業家であっても、「事業所得」で申告をする人や、法人を設立して申告するなら、ぜひ青色申告で申告しましょう。

†会社をつくった場合の課税はどうなる？

ここまで、法人をつくらずに個人で事業を進めることを想定して説明してきました。しかし週末起業でも法人を設立して事業展開することは可能です。実際にそうしている人もいます。

ただし、法人化すると法人税法にしたがい、会社にも**納税義務**が発生します。またあなた自身は、自分の会社から給料をもらうことになります。当然、こちらにも所得税がかかります。

会社勤めをしていると分かりにくいのですが、実は経営者も個人としては自分の会社から給料をもらう給与所得者なのです。

分かりやすく説明すると、会社をつくって週末起業をした場合、あなたの稼いだお金の全体像は次のようになります。

あなたの収入＝

（勤務先からの給与所得）＋（週末起業の会社からの給与所得）＋（会社の利益）

当然、このすべてに所得税がかかります。

なお法人税は資本金が一億以下の会社の場合、二二％（所得が八百万円を超えると三〇％）です。個人の場合と同じように、売上げからそれに要した損金をマイナスした所得に対して課税されます。

なお、法人からみれば、経営者の給与は損金（法人になると経費のことを損金といいます）です。またこの給与は、常識的な範囲であれば経営者の一存で決められます。そうなると経営者が考えることはひとつです。

「法人が所得税を払わなくてもいいように、法人の所得が赤字になる金額を給与として自分や家族に払う」のです。

しかし、ここで張り切って自分や家族に給与を払い過ぎると別の問題が生じます。今度は、所得税が高くなってしまうのです。個人にかかる所得税は、**累進課税**といって、所得が大きくなるにしたがって税率が大きくなるからです。

所得に応じて上がるのは、所得税の税率だけではありません。都道府県民税も住民税も所得に応じて上がっていきます。

とくに週末起業家の場合、本業である勤め先からも給与所得を得ています。確定申告のときにはこれらが合算されますので、うっかりしていると税率がものすごく高くなってしまいます。

†配偶者を従業員にするときの注意点

かといって、それを避けるためにご家族にたくさん払うのも考えものです。今度は「**百三万円の壁**」が立ちはだかります。

「パートの奥さんは、給与を百三万円にしておくとよい」という話を聞いたことがあると思います。理由は二つあります。

① 百三万円を超えると奥さんの所得に税金がかかる
② 本人の配偶者控除や配偶者特別控除が少なくなっていく

つまり、配偶者のパート収入を年間百三万円以下に抑えておくと、百三万円を超えた場合に比べて、控除の額が七十六万円も大きくなるのです。自分の会社が家族に給料を支払う場合も、これとまったく同じことがいえます。

さらに配偶者の年収が百三十万円を超えてしまうと、さらに社会保険の扶養家族から外れてしまいます。すると奥さんは国民年金と国民健康保険に加入しなければならなくなります。その結果、年額二十万円程度の負担増になってしまいます。

なお、世の経営者が画策するのは、「法人の所得が赤字になるように、しかも経営者やその家族が払う所得税はできるだけ少なくて済む金額をあらかじめ計算しておいて、それを給与として自分や家族に払う」ということです（図表12）。

しかし、すでに述べたとおり、週末起業家は勤め先からも給与所得を得ています。確定申告の際にはこれらがすべて合算されてしまいます。

そのときにネックになるのが勤務先から支払われる給与です。こちらは、コントロール

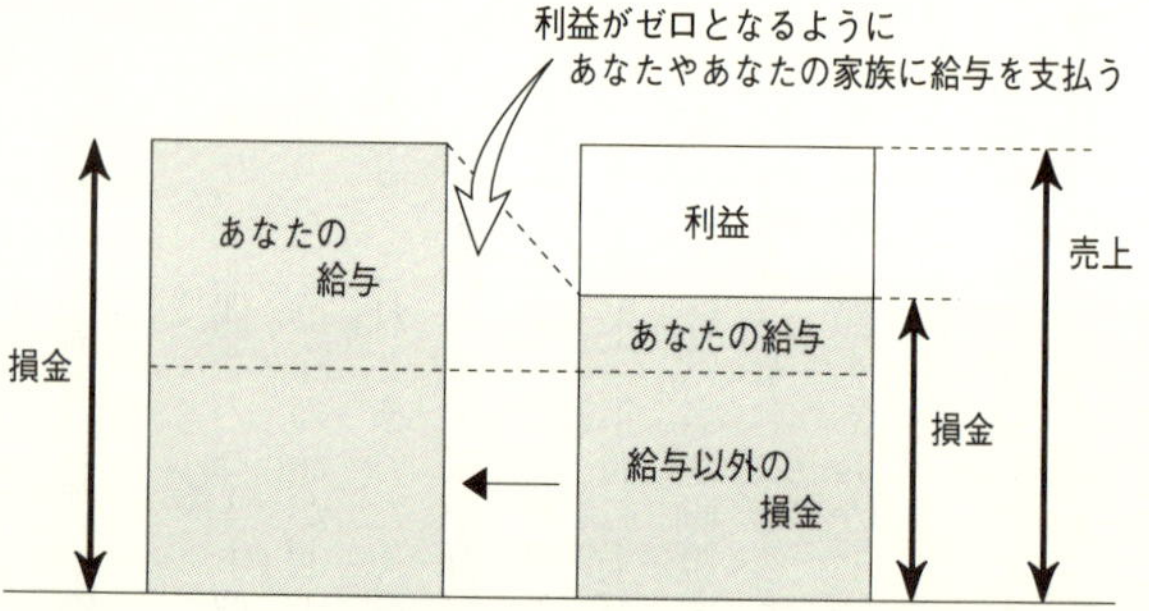

法人税は、売上げから損金をマイナスした残りに課せられる。ならば自分に給与をたくさん払えば、自分の収入を増やし、かつ会社が支払う税金を減らすことができる。

図表12　経営者への給与と損金処理との関係

できません。月給は確定しているとしても、ボーナスの金額は払われてみなければ分かりません。

週末起業家のなかには世の経営者を真似て、最適な給与額をあらかじめ決めて自分や家族に払い、所得税の負担をできるだけ軽くしようとする人もいます。しかし、勤務先の給与がいくら払われるか分からない以上、あまり意味のないことといえます。

†「週末起業家」の確定申告

さて年末になるといよいよ確定申告が必要になります。確定申告とは、所得を確定して国に所得税を納める作業です。

週末起業家は「給与所得」以外の所得がありますので、自分で税金を計算し、納税しなければなりません。

法人にしない場合、決算期は選べません。個人の所得税に関する申告時期は、二月十六日から三月十五日までの期間です。税務署に備え付けの確定申告書に必要事項を記入して税務署に提出、あとは計算どおりの税額を納付するだけで終了です。**手続きは簡単**です。

税務署では記載方法の手引書「申告書記載の手引き」や税理士による無料相談などを実施しています。混雑する前に訪問して、これらを上手に利用するとよいでしょう。私も週末起業時代には、ずいぶんとお世話になったものです。

†会社にバレないよう確定申告をする

読者のなかには、「税金を申告すると会社に連絡がいくのでは？」と不安になる方も多いでしょう。この不安については、絶対大丈夫、とは言い切れません。ただ、それを念頭に入れていただいたうえで、対処法のヒントをご紹介します。その前にまず、どんな経緯から勤務先に週末起業をしていることがバレるのかについて、ざっと説明しておきます。

まず、勤務先があなたの所得を知る機会のひとつとして、「住民税」があげられます。会社は、年末調整の後、市区町村に「給与支払報告書」を提出します。市区町村はこれにもとづいて税額を算出し、会社に通知します。会社はこの通知にしたがって毎月あなたの給与から税金を天引きするのですが、この通知が原因となって「会社にバレる」ことがあるようです。

そこで会社にバレないように、週末起業に関する確定申告をする際、**「確定申告書Ａ」**という用紙の第二表「給与所得以外の住民税の徴収方法の選択」という項に注目します。この項は、税金の支払い方法を指定するために設けられています。

週末起業家は、必ずこの項を「普通徴収」とします。これで、市区町村に対し「週末起業に関する納税は会社経由にせずに、自分でします」という意思表示をすることになります。

これにより市区町村は、週末起業の部分の納付額だけを計算して、自宅に納付書を送ってくれます。会社側には、給与所得だけが通知されることになります。

地方自治体としては、会社経由だろうが、振り込みだろうが、税金をきちんと納めてもらえばいいわけで、その意思表示さえしておけば、わざわざ会社に通知するようなイジワルはしません。あなたは、後ほど送られてくる通知にしたがって銀行や郵便局で納税すれば、納税完了です。

反対に、ここに印を付け忘れたり、特別徴収のほうに印をつけたりすると、市区町村に

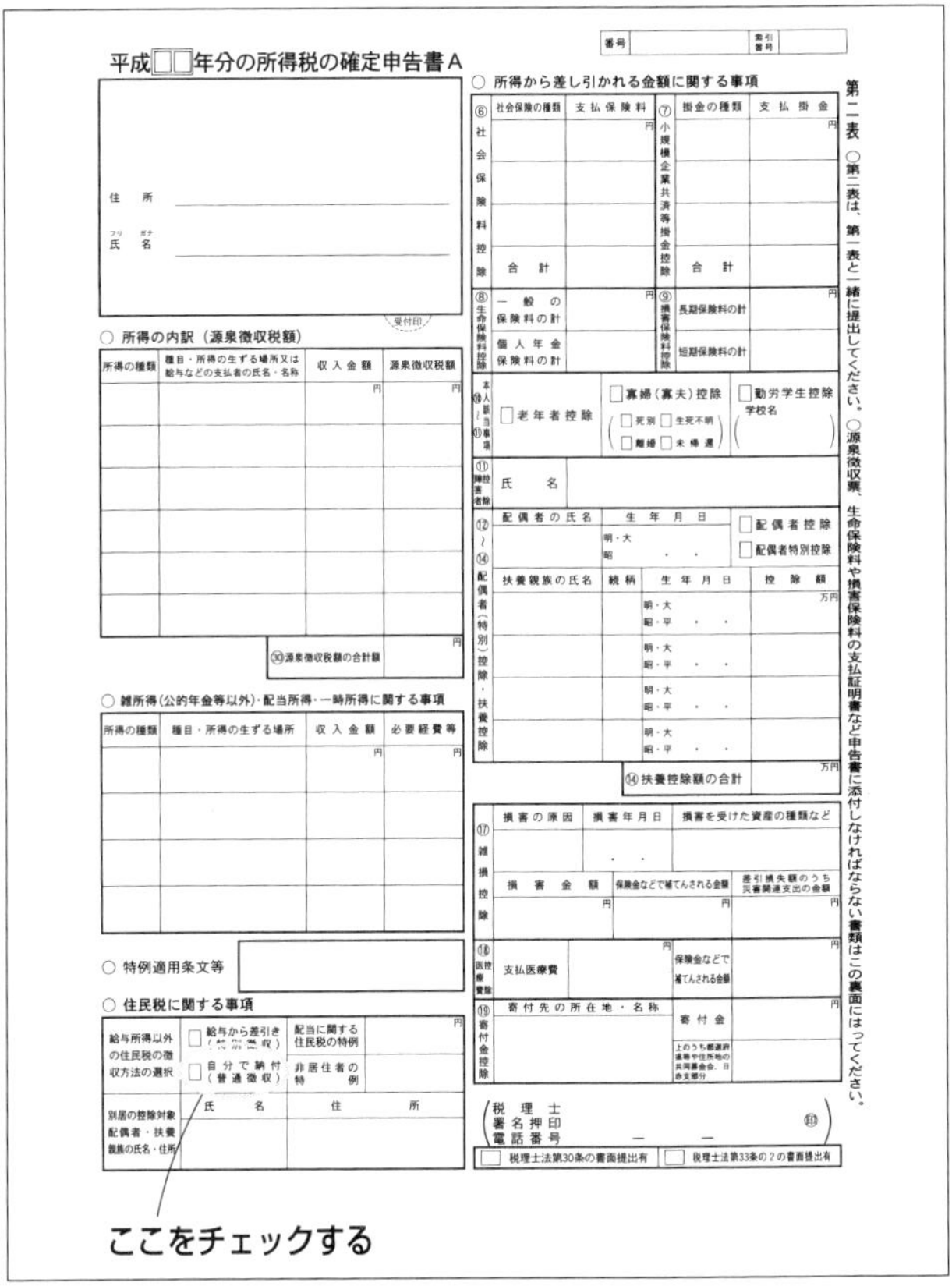

所得税の確定申告書Aの第二表に「住民税・事業税に関する事項」という欄があります。そのなかに「給与所得以外の住民税の徴収方法の選択」という項目があります。必ず「自分で納付（普通徴収）」のほうを選択してください。記入がもれたり、「給与から差引き（特別徴収）」のほうを選択してしまうと、勤務先に連絡がいってしまいます。

図表13　確定申告書A第二表の記入

「週末起業の所得も、勤務先の給料から天引きしてくれ」と指示をすることになるので、注意が必要です。

いずれにしても、市区町村の税金関連の窓口で事情を話して相談しておくといいと思います。

†会社に所得証明を見られたら？

もうひとつ、会社があなたの週末起業からの所得を知るとしたら、会社があなたの**「所得証明」**をみてしまう、というケースが考えられます。「所得証明」とは、税務署が作成する、所得を記載した書面のことです。

これは、ある週末起業家に実際に起きたことですが、勤務先が国に助成金の申請をすることになり、その必要書類のひとつとして従業員に「所得証明」の提出を求めたというのです。

この所得証明には、「給与所得」だけでなく、「雑所得」や「事業所得」の欄もあります。週末起業をしていると、そこに金額が記載されてしまいますので、それを会社に見られれば、「給与所得」以外の所得があることとその金額がバレてしまいます。

これは非常にまれなケースだとは思いますが、念のため確定申告をしている人は、会社に所得証明の提出を求められたときの**言い訳**を考えておくといいと思います。

その人は、たまたまご両親が家業をしていたので「家業を手伝った」ということで事なきを得たそうです。実際、サラリーマンでも、親や親戚の会社の役員に名を連ねることは結構ありますし、地方では田植えをご近所総出で手伝い、日当をもらうということもあり得ます。

よほど所得が大きいなら別ですが、そうでない場合、そこからもらった所得であると解説すれば、とくに詮索されずに済むでしょう。

なお、はじめから会社に「私は確定申告をします」といっておくこともできます。資産家の方は不動産の賃貸収入があってもおかしくはありません。

また「所得控除」「税額控除」のなかにも確定申告をしなければ受けられないものがあります。

さらにサラリーマンであっても、就職する前から親の会社の社員や役員になっていたということは珍しくありません。

このように考えると、かりに今のあなたには無縁でも、会社には確定申告をしている人が結構いるはずです。自分もそのひとりとして、はじめから名乗りを上げておけば余計な詮索を避けることができるのかもしれません。

以上、週末起業家が最低限知っておくべき税金の基礎について解説しました。**ここで挙げたことを知っておけば、とりあえずは十分です。**

繰り返しになりますが、週末起業家は本章の冒頭でも述べたとおり、節税のことに頭を悩ませるより、売上げをあげることを考えましょう。税金は売上げがなければかからないのです。節税のことは、売上げを伸ばしてから考えれば済むことなのです。

第五章

法人のメリットをとことん活用する

†まずは無理せず個人事業としてスタート

週末起業をはじめるにあたって、税金の次に気になることは「個人事業でやるべきか、法人を設立して行うべきか」ということではないでしょうか？

実情をみると、たいていの週末起業家が法人を作らずにはじめています。私も、最初はそれで十分だと思います。なにせ、実際にやってみなければ分からないものを、とにかくはじめるのが週末起業のいいところです。**身軽にスタートする**ためにも、まずは個人ではじめてみることをお勧めします。

多くの週末起業家が法人をつくらないのは、法人設立をすると次のような負担があり、お金をかけない週末起業にマッチしないからです。

・設立時に資本金が必要
・設立、維持に法的手続きが必要
・設立、維持に費用が必要
・会計処理がたいへん

もちろん、個人事業でも「屋号」をつけて活動することもできます。また従業員を雇うことも、共同経営者と一緒にやることもできます。また、仕事で使ったものであれば、経費にすることもできます。

ところが、個人ではじめた週末起業家も、あるとき「できれば法人にしたい」と考えるようになります。

いちばん多いのが、「取引先にお願いされてしまった」というケースです。というのも、世の中には「個人とは取引をしない」という会社があるからです。意外に思われる方もいるかもしれませんが、小さな会社でも（むしろ小さな会社ほど）、こういうことにこだわります。

その理由は、「取引先の信用が自社の信用に関わってくる」からです。税務署などから痛くもない腹を探られたくないために「取引は法人としかしない」と決めている会社があるようです。

取引先が法人組織の場合は、最低資本金額が認められていたり、一定の情報が開示されたりしていますので、取引する側からすれば安心です。

一方、取引先が個人事業者の場合は、帳簿が義務づけられていないので、経理や会計がいい加減だったりします。そのため、自分の会社の経理処理まで疑われるかもしれないというわけです。

私の知人で、ホームページの作成・運営代行をしている週末起業家も、最初は良かったのですが、取引量や金額が増えてきたところで、「何とか法人化してもらえないだろうか」と相談を持ちかけられたそうです。

「自分の商売は、会社でなく個人がお客さんなので関係ない」という方もいるかもしれませんが、そうとも言い切れません。

たとえば、週末起業で販売代理店をはじめたいという人が多いのですが、**販売代理店契約を結ぶにも、法人化が条件になっている場合がよくあります。**また、オンラインショップを開こうとした方が、仕入先の開拓に苦労したケースもあります。これらの場合、お客さんが個人でも法人を設立する必要があります。

ほかにも、所得が増えた場合、法人化を検討する週末起業家もいます。

前章で説明したとおり、個人は累進課税のため、所得が増えるにしたがって税率が上がります。そのため所得が増えてくると法人化した方が節税になる場合があり、悩むことになります（図表14）。

さらにインターネット関連のビジネスをしているとURLの最後にある「.co.jp」アドレスがほしくて法人化したいということもあるようです。

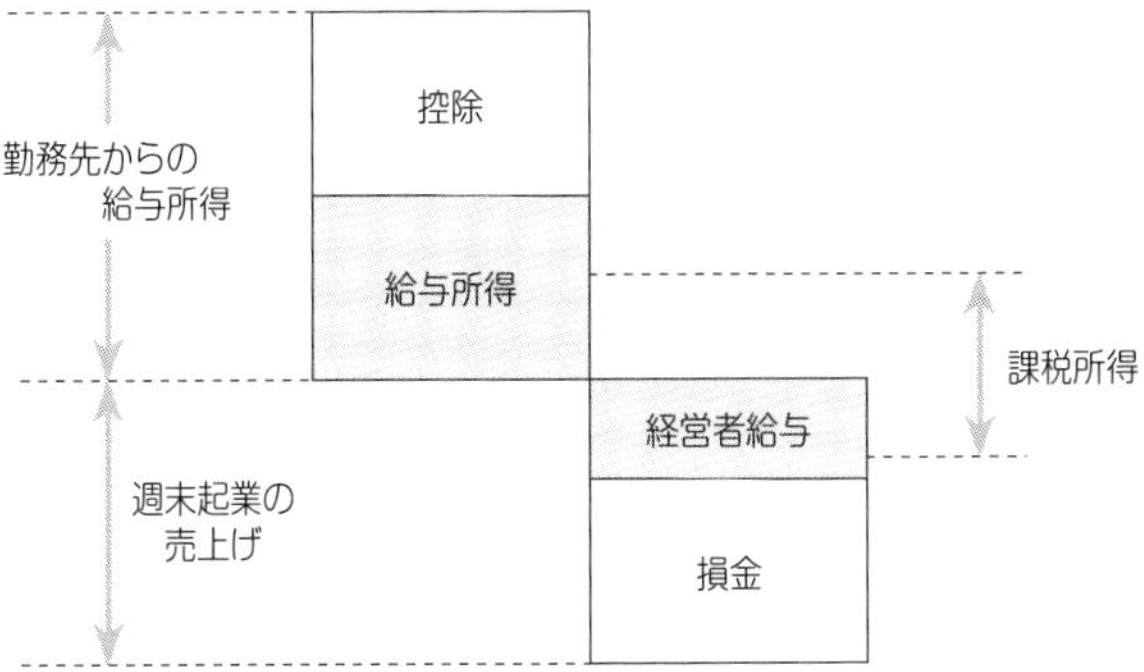

個人の所得に対する税金は累進課税が適用される。そのため週末起業をして所得が増えるとどんどん税率が上がってしまう。
これに対して会社の場合は、資本金1億円以下で従業員50名以内、かつ事業所が1カ所なら所得800万円以下の場合22%、800万円を超えても30%と法人税は一律になる。

図表14　累進課税と法人税との関係

この**「.co.jp」アドレス、実は登記簿を提出しないと取得できません。**そのためインターネット専業の会社などには、「.co.jp」アドレスの取得のために法人化したいという人もいます。

このように、最初は個人事業ではじめた週末起業家も、事業を継続する間に法人化のメリットを感じたり、場合によっては法人化を考えざるを得ない状況になったりして、法人化を検討することになります。

†安易な法人化は失敗のもと

ただ、安易に法人化するとあとで後悔します。

たとえば、法人化にはお金がかかります。法人化すると、設立や維持のために結構お金がかかるのです。主なものだけでも、次のようなお金がかかります。

①最低資本金

有限会社で三百万円、株式会社で一千万円の最低資本金が必要です（二〇〇三年二月から五年間は、これを五年間留保する措置ができました。後述します）。

②設立手数料

登録免許税や各種手数料がかかります。手続きを自分ですべてやっても、株式会社で三十万円程度、有限会社でも二十万円程度の設立費用がかかります。

③法人税

赤字でも、毎年七万円程度の法人税（法人住民税）が必要になります。

他にも、法人はなにかとお金がかかります。とくに腹が立つのは**法人料金**です。なぜか世の中には、法人料金みたいなものがあり、同じ商品でも法人というだけで料金が違う、ということがよくあります。法人と個人の間には、二重価格が平気でまかり通っているのです。

ちょっと考えただけでも保険やプロバイダーの料金、携帯電話の通話料などが思い当たります。

法人といえば、個人よりもお金を持っていると思うのでしょうか。

まるで「どうせ税金でとられるのだから、少々高くてもいいでしょう？」といわれているかのようです。

また、私は会社を設立したときに、会社名義の車を購入しましたが、そのとき自動車保険の保険料が跳ね上がったことを覚えています。ご存じのとおり、車の保険料は運転歴などを加味して決められますが、法人名義にしたとたん、運転履歴がゼロに戻ってしまったのです。これは、法人料金とは違いますが、大誤算でした。

†登記簿から会社にバレることも

お金がかかることに加えて、法人化することによる週末起業家ならではの留意点もあります。

たとえば、会社をつくると登記簿を作成します。そこには代表者の名前が記載されています。これは公開情報ですから、原則誰でも閲覧できます。

これは聞いたことがないケースですが、なにかの拍子に**登記簿を会社に見られて**「週末起業をしていることがバレる」ということが、絶対にないとは言い切れません。

ある人は勤務先の商品の代理店を、会社に知られずにはじめようと会社を設立しましたが、登記簿の提出を求められたため、断念したそうです。

また、会社の役員に名を連ねていると、失業手当の給付が受けられなくなってしまいます。「いずれは独立開業」と考えている方は気をつけましょう。

†最低資本金のカベ

ここまで、法人をつくるにあたって週末起業家が留意しておくべきことを挙げてみました。

なかでも、会社設立時に所定の資本金を用意しなければならない「最低資本金の規定」は、週末起業家だけでなく一般の起業家の障害にもなっています。

「これからビジネスをはじめよう」という人が、三百万円（有限会社設立のための最低資本）、一千万円（株式会社設立のための最低資本）というまとまったお金を用意することは、簡単ではないからです。

そもそも最近は、資本などなくてもビジネスをはじめることが可能です。たとえば、起業家を支援する環境が整備されてきています。インターネットはその代表でしょう。他にも、秘書代行やレンタル・オフィスなど、起業家を支援するためのさまざまなアウトソーシング・サービスが、どんどん整備されてきていることは前述したとおりです。

また、各種リースを活用すれば、事前に大きな資本を用意しておく必要はありません。たとえば、自動車やパソコンなどのＯＡ器機は、リースを活用することで、最初にまとま

った お金が必要ないだけでなく、節税にもなります。

このように考えると、現行の最低資本金の規定は、むしろ現代の実態にそぐわなくなってきているといえます。

とくに、週末起業家は、その特殊事情から、資本金などあっても使い道がないかもしれません。

実は、普通の起業家の場合、資本金はどこに消えるかというと、自分の給料なのです。ビジネスをはじめてもすぐには売上げはあがりません。しかし経営者は食べていかなくてはなりません。そのため資本金は、**経営者の給料**として支払われていくのです。

ところが、週末起業家はべつにすぐに給料が必要ではありません。勤務先から給料をもらっているからです。そのため資本金などあっても、あまり使い道がないのです。

しかし前述のとおり「取引先に会社組織にしてほしいといわれた」などの理由で形だけでも会社をつくらなければならないケース、また「会社にしたほうが節税効果が大きい」などの理由から「お金はいらないが、とにかく会社をつくりたい」ということがあります。

そんな週末起業家にとっては、この「最低資本金の規定」は最大の障害になります。そこで、資本金がなくても立ち上げ可能な法人を立ち上げることで対応してきたのです。

週末起業家におすすめの法人組織

では、資本金が必要ない法人とは、どういうものでしょうか？　週末起業家に適したいくつかの選択肢をあげてみます。

①　合資会社
②　米国法人
③　ＮＰＯ法人
④　確認会社

この四つの法人の特徴について、以下で順に説明していきましょう。

最も人気の高い合資会社

右に示した四つの選択肢のなかで、週末起業家に最も人気があるのが、合資会社です。
理由は、いくつかあります。

・資本金に対する規定がなく、資本金一円で設立可能
・設立手続きや運営がきわめて簡単
・設立費用が安い。登録印紙税六万円とハンコ代のみでできる
・設立が早い。申請書類の作成に二時間、申請から設立まで五日ほどで登記が完了する
・維持費が安い。法人住民税七万円程度以外に法人の維持に要する費用がない
・債務がなければ会社解散も容易（任意清算が可能）

合資会社は以前はほとんど忘れ去られていた形態ですが、よけいな手間や費用、また資本金を用意せずに会社をつくりたいという要望の高まりとともに、再び注目されています。

実は、私自身、この合資会社を設立した経験があります。**設立手続きは本当に簡単**で、マニュアル本を買ってきて、そのとおりにやったところ、本当に二時間で書類作成が完了し、一週間で登記が完了しました。

これが有限・株式会社になると、設立手続きの費用だけで、株式三十万円、有限二十万円というお金が出ていきます。また定款の認証や出資金保管証明書などが必要になります。おそらく途中で専門家に依頼していたことでしょう。

なお、マニュアル本には「合資会社は、法務局の人も不慣れで、手間取った」などと体

験記が書かれています。しかし私の経験したかぎりではそんなことは全然なく、事務的にさっさと処理してくれました。

もちろん、簡単に設立できますが、商法で定められたれっきとした会社（法人）です。株式会社同様、法人としての権利や義務をもち、税法上のメリットが享受できます。

また、運営に関しても取締役や監査役を置く必要はありません。株主総会（株式会社）や社員総会（有限会社）にあたる議決機関も、合資会社の場合は無限責任社員個人になり、意思決定が迅速です。

†合資会社にはデメリットもある

もちろんデメリットもあります。週末起業家にとってデメリットになりそうなものとしては、次のような点が指摘できます。

- 後で、株式会社や有限会社に組織変更できない
- 無限責任という重い責任を負う
- 株式公開ができない
- 知名度が低い。株式、有限と比べて地位が低いイメージ

・合資会社では取引を断るという会社がたまにある

たしかに、世間一般での知名度は低いと思います。

かつて私が設立した合資会社は「藤井事務所」といいますが、「(合)藤井事務所」という領収書をよくもらいました。合資会社の略式表記は㈾ですから正しくは「㈾藤井事務所」となります。(合)では合名会社と区別できません！　知名度はまだまだのようです。

ただ、こうしたメリットとデメリットを比較検討すると、週末起業家には、**メリットのほうが大きい**と思います。だからこそ人気の秘密になっているのです。

では、名前の似ている合名会社との違いはどうかというと、合名会社は合資会社のように有限責任社員を置くことができず、無限責任社員のみで構成されるところです。

こうなると出資者の責任が重くなるため、気軽に出資を頼むことができなくなり、広く資本を集めることが困難になります。だから合資会社に人気が集まるのです。

いずれにしても「早い」「安い」「簡単」という会社であることは同じで「自分サイズの起業」である週末起業とは、相性のいい会社形態です。

†米国法人なら資本金わずか一ドルでOK

その他にもお金と手間をかけずに会社をつくる方法があります。それは海外に会社をつくる方法です。つまり会社の登記を日本でなく海外にするのです。

会社の準拠法は、国によって異なります。たとえば、日本では株式会社と有限会社に関して最低資本金の規定が設けられています。

しかし、これは国によって、あったりなかったりします。「ならば法律が緩やかな国で会社をつくればいい」という発想がでてくるのです。

だからといって、海外で起業する必要はありません。多くの企業が海外から日本に進出しているように、日本で営業するのです。

たとえばコンサルティング会社のマッキンゼー日本支社、航空会社のノースウエスト・エアライン日本支店、アメリカン・エキスプレス日本支店、シティコープ・カードサービスなどと同じようにやればいいのです。

その許可を得るためには、日本の法務局に届ける必要があります、こうした手続きを踏めば日本で営業することができます。これによりあなたは、**週末は外資系企業のCEO**になってしまうのです。

とくに、おすすめは米国です。米国の法律では、株式会社であっても最低資本金の規定がありません。そのため資本金一ドルでも株式会社がつくれます。米国なら言葉も英語、通貨はドルですから、日本人にとってもなじみがあります。

しかも、日本の株式会社と同じメリットが享受できます。たとえば、取締役は有限責任です。株券を発行して資本を集めることもできます。それに加えて、将来米国で事業展開することも可能です。

この方法がいいのは、日本での表記は「株式会社」になることです。本社が米国であることを併記すれば、名刺やレターヘッドなどには㈱と表記することが認められているのです。米国の株式会社なのですから、当たり前といえば当たり前ですが（登記簿の商号はカタカナか英語）。

「会社はつくりたいけど、合資会社はちょっとイメージが……」と思われる方は、検討してみてはいかがでしょうか。

†米国法人の設立手続きは意外と簡単

では、米国法人を設立するためには、具体的にどのような手続きをすればいいのでしょうか。当然、米国の株式会社をつくるわけですから、登記は米国の法務局で行います。最初に現地の準拠法に従って英文で登記簿と定款をつくり、これを現地の法務局に持込んで登記します。

♣米国の会社手続き（すべて代行業者が代行）

現地の法務局：現地の準拠法に従う登記簿と定款で登記

▽

州の役所：州政府会社番号を申請

▽

連邦税務当局：連邦会社番号を申請

▽

米国の銀行：法人口座を開設、資本金を入金

♣必要な費用

代行業者手数料	20万円前後
日本の営業許可申請	9万円
その他諸経費(※)	10万円 （銀行口座開設費用、海外との通信費など）

※上記に加えて、資本金（任意。普通は1000ドル前後だが１ドルでも可能）が必要

♣日本で営業するための手続き（基本的に自分で手続き）

日本の営業所：登記申請書などを提出

▽

銀　行：法人口座の開設

▽

その他諸官庁：各種手続き
税務署……開業届出
都道府県税事務所……法人設立等報告書
市区町村役場……法人設立・変更届出所
社会保険事務所……加入届

図表15　米国法人設立の流れ

次に、州の役所に州政府会社番号を申請、さらに連邦税務当局（ＩＲＳ）に連邦会社番号を申請し、最後に米国の銀行に法人口座を開設し、資本金を入金します。以上でアメリカに会社を設立できます。

しかし、こうしたやり取りを一人でやるのは困難です。すべて英語で行う必要がありますので、高度な英語力、そして法律の知識が求められます。また手続きは現地で行われますので現地に足を運ぶ必要があります。

そこで、**海外法人設立代行サービス**を使います。これは起業家であるあなたと、現地の弁護士や銀行の間に入り、海外での会社設立を代行してくれるサービスです。彼らに頼むと二十～三十万円前後で、英語の登記簿や定款の作成、州政府・連邦会社番号の申請、登録を代行してくれます。

こうした代行業者を使えば、あなたに米国の法律の知識や英語力がなくても、また日本を離れずとも、米国に会社を設立することができます。

さらに、日本で営業するために営業許可申請を行う必要があります。その印紙税が九万円です。これらを総計して四十万円前後で会社ができてしまいます。

所要日数は、代行業者やアメリカ政府の混雑具合ですが、通常十日もあれば、米国での手続きは終了します。

このように、たいていのことは代行会社に任せることができます。あなたは会社名や資本金、役員構成、事業目的などを決めるだけです。

実は、私自身、かつて米国法人の設立を経験しました。実際にここで説明したとおり、会社名や資本金、役員構成、事業目的などをメールで送っただけで、一週間ほどで会社ができてしまいました。

ただ、私は代行業者を使いませんでした。たまたま米国に知り合いの弁護士がいたので、お願いしたのです。これは結果的に大失敗だったと思います。登記まではスムーズにいったのですが、日本で登記をする段になり、定款の日本語訳などが必要になったのです。当然米国の弁護士はそこまでやってくれませんでした。

このあたりのノウハウは、代行業者ならばっちり整っています。これから米国で株式会社を設立しようとする方は、代行業者にお願いしたらいいと思います。

なお、米国には州によって会社設立の規則が違います。どの州で会社を設立するかを決めることが重要です。

デラウェア州は、多くの点で法人設立に優遇措置を与えているため人気です。他にもハワイ、ネバダ、ニューヨーク、カリフォルニアなどに人気があります。

†NPO法人なら資本金ゼロでも設立可能

資本金がなくても法人をつくる方法は、他にもあります。それは「NPO法人」という形態です。これは会社ではありません。しかし法人であり、会社と同じような活動をすることが認められています。

NPO法人は、会社でないために最低資本金の規定がありません。このためこのNPO法人を独立の受け皿として活用する起業家が増えています。正式には、**「特定非営利法人」**といい、特定非営利活動促進法で定義された公益法人のひとつです。

もともとは、ボランティアなど社会貢献性の高い組織が、寄付などだけでなく、自ら経済的に自立して運営されることをねらい、会社のように収益事業をすることを認めるためにできた法人です。いくら高い志を持っていても、先立つものがなければ成り立ちません。だからといって、人様からの寄付ばかりに頼るわけにもいかず、しっかり自立して社会貢献をしようという発想でつくられます。

私はNPO法人の設立申請もしました。「週末起業フォーラム」をNPO法人にするつもりだからです。申請は東京都でする予定です。

まず都庁に行ってマニュアルを買ってきました。そこに必要書類がすべて添付されてい

テーマの発案	どんなテーマ、どんな方法で、社会貢献事業を行うのか、なぜ会社や他の法人ではなく、NPO法人なのか、それらへの回答をクリアにする。
事業計画の立案	活動分野、活動目的、事業内容、収益モデル、組織、運営方法など決定。
準備会発足	社員（NPO法人の構成員）を10人以上集め設立計画を検討・立案する。
設立総会開催	法人設立を決定し、議事録を作成。役員の選出も行う。
認証の申請	事務所がひとつの都道府県内にあるときは都道府県知事へ。複数の都道府県にまたがるときは、内閣総理大臣へ。
受理／公告	審査（4カ月以内） ※縦覧機関（2カ月） 定款、役員名簿、設立趣意書、事業計画書、収支予算書が一般に縦覧（自由に見ること）される。
認証（不認証）	2週間以内　通知が郵送されてくる。
設立登記／届出	

図表16　NPO法人発案から設立までの流れ

ます。またインターネットにも雛形が出回っています。それを参考にして、必要項目を埋めていけば、できあがります。

定款については、極力手を加えずに雛形どおりにつくるほうがいいようです。手を加えるといろいろと質問されて、その度につくり直しをする羽目になります。

いちばん苦労したのが、設立趣旨の作成です。こればかりは資料を見て書き写すというわけにはいきません。法人の憲法ともいうべき存在ですから慎重につくります。

なお、東京都の場合、相談窓口も設けられていて、親切に相談に乗ってくれます。ただアポイントを取るのに、いつも四十日待ちというのに困りました。それで途中からは、三回分くらいまとめてアポイントをとるという荒技を使ったりしました。

†NPO法人にまつわる誤解

新しいだけにこのNPO法人は、まだ一般的になじみがありません。それどころかいくつかの誤解すらもたれています。

たとえば、「非営利」というところが「無償で活動するボランティア団体向けの法人格」という誤解を与えているようです。そのため、「事業はダメ」「売上げをあげるのはダメ」「黒字を出すことはダメ」「給料をもらうのはダメ」といった勘違いをしている人が多数い

1	保健・医療・福祉の増進
2	社会教育の推進
3	まちづくりの推進
4	文化・芸術・スポーツの振興
5	環境の保全
6	火災時の救援
7	地域安全活動
8	人権擁護・平和の推進
9	国際協力
10	男女共同参画社会形成の促進
11	子どもの健全育成
12	情報化社会の発展
13	科学技術の振興
14	経済活動の活性化
15	職業能力の開発または雇用機会の拡充の支援
16	消費者の保護
17	上記の活動に関する連絡・助言・援助

表にある17分野（03年４月30日までは12分野）に活動が該当することが設立の前提。活動が17分野の語句と合致していなくても、事業活動を通じて17分野のいずれかまたは複数に寄与できると考えられればＯＫです。

図表17　NPO 法人の活動分野

るのです。

しかしこれらはすべて認められています（ただし公益法人の会計では、売上高・利益とよばず、資金収入・資金残高とよびます）。

ただし、禁じられていることもあります。たとえば、かりに利益が出ても、それを役員や社員で分配してはいけないということです。

また、NPO法人は、あくまでも不特定多数の利益に貢献することが目的ですから「特定の個人や法人、団体、利益を目的とした事業活動」はできません。また、活動の分野が17分野に定められています（図表17）。

ただ、これを難しく考えすぎると何もできなくなります。少なくともやろうとしていることが、世のため人のためになるならいずれかに該当すると考えればいいのです。

その代わり税制上の優遇もほとんどありません。会費や寄付補助金などの収入は非課税ですが、事業所得には法人税と同じルールが課せられます。

要するに、経済的に自立して社会貢献をするつもりなら、設立できるということです。

これが週末起業にいいのは、勤務先の許可がおりやすいということです。企業のなかには、兼業禁止規定はあるが「NPO法人活動には、なんら制限を加えない」という企業もでてきています。

†NPO法人のデメリット

もちろん、NPO法人にもデメリットはあります。

まず、申請から設立登記まで時間がかかりすぎます。最低でも数カ月、下手をすると一年くらいかかります。これは会社に比べると長すぎます。

また、設立手続きが煩雑です。手続きの過程で「認証所轄庁」「縦覧期間」など、聞き慣れない用語もたくさん出てきます。

ただ、これも仕事柄、会社用語に慣れ親しんだ私たちからすれば、聞き慣れないということであって、そもそも会社設立に関する用語にあまりなじみのない人からすれば「最初からそういうもの」として、すんなり受け入れられるかもしれません。

また設立にあたっては**役員三名**以上、**社員十名**以上が必要です。なお、NPO法人は、利益がでてもそれを関係者間で分けあうことができませんが、だからといって「無収入で働け」ということでもありません。役員報酬や給料はきちんともらうことができます。

なお、NPO法人は都道府県などの認証を受けるための審査があります。その結果、不認可になることもあり得ます。

これが書類上のミスや不備なら訂正すればいいのですが、場合によっては活動の分野や目的などに関する、根本的な問題で不認証となることもあり、そうなるとやっかいです。

もちろん「納得がいかない！」ということなら、異議申し立てや処分取り消しの訴えを起こすことができます。ただそうならないように最初から都道府県の担当部局に相談し、書類作成上の不明点や気になるところを相談しておくといいでしょう。

なお書類の作成や手続きは、行政書士などの専門家やＮＰＯを支援するためのＮＰＯ法人が代行してくれます。代行手数料は八万円くらいからあるようです。

ただ、自分ですべてやることも可能です。お金をかけない週末起業では、できるだけ自分でつくってみたらいいと思います。

†一円で株式会社をつくる

さて、ここまでいろいろと資本金の必要のない法人とそのつくり方をご紹介してきました。

実は、この「最低資本金の規定」が会社づくりの障害になっていることは国も認識しています。

起業を増やしたいのは、国も同じです。日本では、開業率（四％）が廃業率（六％）を下回るなど、海外と比較しても起業が少ないのです。

今後、不良債権処理が進めば、倒産はますます増えるでしょう。そのときそれに代わる新たな産業が芽生えてこなければ、日本の産業は衰退するばかりです。

そこで、資本金ゼロでも株式会社や有限会社の設立を認め、サラリーマンや主婦層でも起業しやすい環境を整えるために「**中小企業挑戦支援法**（中小企業等が行う新たな事業活動の促進のための関係法律の整備等に関する法律）」という法律を制定しました。

そこで「**最低資本金の免除**」が盛り込まれ、設立時には資本金ゼロでも会社設立が可能になりました。

そして、設立後五年間は、株式会社一千万円、有限会社三百万円という最低資本金規制を受けない会社の設立を認めることにしたのです。

これにより資本金にするお金がないという理由だけで会社がつくれない起業家を支援しようというわけです。

これを普通の「株式会社」「有限会社」と区別するために「確認株式会社」「確認有限会社」とよびます。もちろん名刺や看板など、商号を対外的に表記する際は、普通の会社と同様に「株式会社」「有限会社」と表記できますので安心してください。

これまで「資金がないために会社がつくれなかった、でも合資会社や海外法人はちょっと……」という起業家にとっては朗報です。

†週末起業家も「一円株式会社」は設立可能

確認会社をつくるには、まず各地の経済産業局に届出をして、あなたが「新事業創出促進法が定める創業者に該当する」という「確認」を得る必要があります。

では、週末起業家はこの「確認」を得て、「確認会社」をつくる資格があるのでしょうか？　つくる資格があるのは、以下の二つの要件を満たす人です。

① 事業を営んでいない個人

② 二カ月以内に新たに会社を設立し、その会社で事業をはじめる具体的計画を持つ人

具体的には、次のような人があげられています。

- 給与所得者
- 専業主婦
- 学生
- 失業者

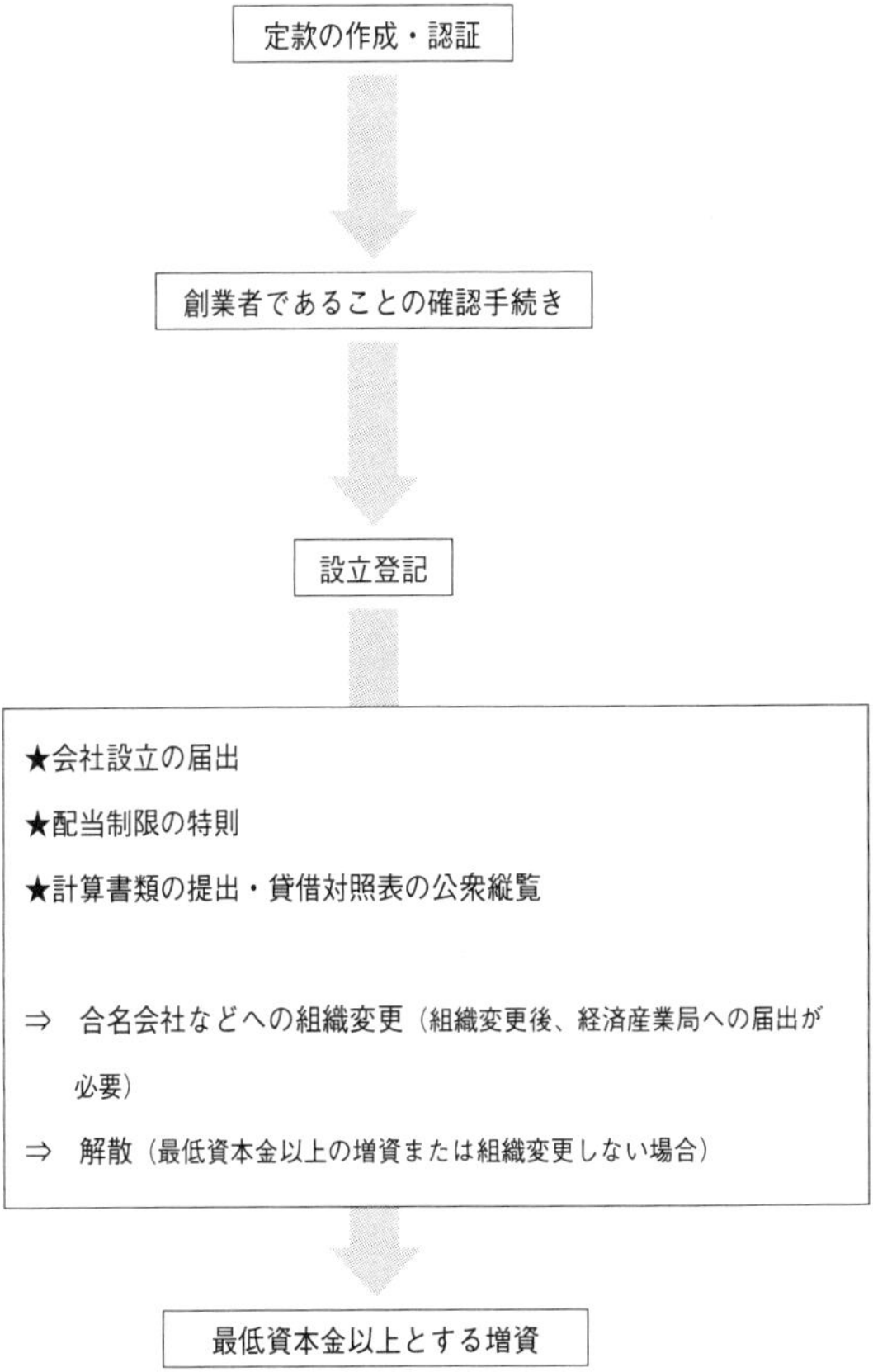

図表18　確認会社の手続きの概要

・年金生活者
・代表権のない会社役員

反対に、次のような人はこの創業者の対象にならないとされています。

・個人事業主
・代表権のある法人の役員

この規定から、「週末起業家」は問題ないことが分かります。

おそらく週末起業のような起業を、官庁が想定していないからだと思われます（もっとも、官庁にしてみれば、開業さえ増えれば、週末起業だろうが何だろうが構わないのかもしれませんが……）。とにかく週末起業家であっても、適用を受けられないことはありません。

†軽い気持ちで設立すると痛い目にあう

では次に、週末起業家が、「確認会社」を設立するにあたって留意すべき点について説明しておきましょう。

まず「どうせ一円でできるなら、この際、株式会社をつくっておこう」なんて軽い気持ちではじめないことです。そういう気持ちで会社をつくると、五年後に必ず後悔することになります。

ほとんどの方が勘違いしているようですが、この法律は「資本金が要らない」とはいっていません。「当初五年間お目こぼしを与えよう」といっているだけです。逆にいえば「五年経てば、株式会社なら一千万円、有限会社なら三百万円が必要」なのです。

しかしこれは簡単なことではありません。なにせ、ほとんどの起業家は最初の三年くらいは赤字です。ということは、**残りの二年で一千万円の増資をしないと無理**ということです。

増資にあてられるお金は、利益を出して税金を払った残りです。つまり五年後にも株式会社でいられるためには、実際には二年間で一千五百万円くらいの利益を出す必要があります。

では五年後にそれだけのお金が集まらなかったら、どうなるのでしょうか。

そのときには、会社は解散になります。それが嫌なら、用意できるお金で設立可能な会社に変更することになります。「三百万円ならある」なら「有限会社」に鞍替えできます。

ただ、よく考えてみてください。これは現実的でしょうか？　有限会社が株式会社になるならともかく、株式会社が突然有限会社や合資会社になったら、取引先はその会社と取引を続けてくれるでしょうか。

「いやー、実は資本金が集まらなかったので、明日から有限会社（合資会社）になります。引き続きよろしく」なんて挨拶できますか？　私はそんな会社と取引するのは嫌です。

このように、最低資本金の規定がしばらく免除になるからといって、安易に「どうせなら、かっこよく株式会社だ！」なんて考えると、五年後に苦労します。

†綿密な事業計画が必要

他にも注意すべき点があります。確認会社は、最低資本金規制を五年間免除されることの代償として払わねばならないことがいくつかあります。世の中、いいことばかりということはないのです。

たとえば、資本金がないため、債権者保護のために**特別な義務**が課せられています。営業年度ごとに会社情報や財務諸表、利益処分案を税財産業局に提出、公表しなければなりません。

これは、手間もさることながら精神的にも負担です。なにせ、起業した数年は大半の会社が赤字なのです。それを公開するのは、かなり勇気のいることです。

また配当に制限があります。

会社は、営業年度が終わると利益を配当します。しかし、確認会社の場合、純資産から有限で三百万円、株式で一千万円を引いた残りしか配当できません。

ほかにも、自己株式の取得、会社の分割、減資などの際に、勝手に株主や社員に財産を流出できないことになっています。

また一円株式会社とはいいますが、一円で会社ができるわけではありません。会社の設立、維持に伴う手続きは、従来と同様だからです。そのため、設立時にかかる手数料や登録免許税などは従来どおりです。株式会社は三十万円、有限会社は二十万円程度の設立費用が必要です。手続きを専門家にお願いすると、さらにお金が出て行きます。さらに、株式会社の設立に取締役は三人以上必要です。これは週末起業家には負担になるはずです。

このように最低資本金の問題がクリアできても、株式・有限会社はそもそも設立の設立手続きや維持にお金がかかります。

だから「最低資本金が要らなくなった！」と喜んで、安易な気持ちで会社をつくるのは非常に危険です。「本当に自分に会社は必要なのか？　必要ならどんな会社なのか？」を考えることが大切なのです。

そして、もし「どうしても株式会社が必要」という結論にいたったなら、五年で最低資本金を用意するための事業計画を絶対に立てましょう。

なお、最低資本金規制については、二〇〇五年の商法改正で廃止される方向です。

†起業とは「業を起こす」こと

ここまで、確認株式会社の作り方と注意点を説明しました。

ところでこの制度で、行政の思惑どおり、サラリーマンの起業は増えるでしょうか。私は、はっきりいって難しいと思います。なぜなら、サラリーマンが起業しないことと、彼らが最低資本金の三百万円もしくは一千万円の最低資本金を集められないことには、なんの因果関係もないからです。サラリーマンが起業しないのはこんなことが障害ではありません。

私もいろいろなところで起業のお手伝いをさせていただいていますが、どうも多くの人が「起業＝会社をつくること」と考えているフシがあります。しかしこれは完全に間違いです。

たとえば国や地方自治体など行政が主催する、起業セミナーや起業塾の類に参加すると司法書士や税理士が出てきて「会社の作り方」や「税金の払い方」を教えてくれます。あとは成功した起業家を呼んで、自慢話をさせてお開きになります。

もちろん、登記手続きや税金の知識は大事です。だから本書でも触れました。そのとおりにやれば、会社は誰にでもつくれます。でもそれは「会社ができた」というだけの話です。

「起業＝会社をつくること」と考えるのは間違いです。会社ができあがれば、自動的にビジネスができあがるわけではありません。現に、会社などつくらない個人事業主でもうまくいっているビジネスはたくさんあるではないですか！

「起業＝会社をつくること」ではなく「起業＝業を起こすこと」なのです。

「業を起こすこと」とは、世の中に役立つことをして、その対価としてお金をもらう仕組みをつくることなのです。

†「お金を生み出す仕組みづくり」は誰も教えてくれない

ところが、その「お金をもらう仕組み」のつくり方は誰も教えてくれません。教える側にも分からないからです。結局、サラリーマンは、会社がつくれないからでなく、**お金を生み出す仕組みがつくれない**から起業に踏み切れずにいるのです。

もちろん、行政にしても「そんなこと、自分で考えてくれよ」と突き放したいところでしょう。しかし本気で起業を増やしたいなら、それではダメです。

なにせ、みなさん数十年、企業人として、しかも定年退職まで勤め上げるつもりで働いてきたのです。

それが、いきなり「サラリーマンの皆さん、会社をつくりやすくしましたから、何かやってください」といったところで、当のサラリーマンが戸惑うのは当たり前です。

第一、それを言っている人たちは、リスクからもっとも縁遠い公務員なのです。かけ声が響くわけありません。「笛吹けど踊らず！」とはこのことです。

では、サラリーマンが「業を起こす」にはどうしたらいいのでしょうか？　いちばんいいのは、やってみることです。結局、試行錯誤しながらうまくいく方法を自分で探り当てるしかないのです。

†週末は起業家になろう

私自身、自分の体験を振り返れば、試行錯誤の連続でした。最初はコンサルタントがどんな仕事かも分からず、ひどい目にあいました。訳がわからずにがむしゃらにやって、こけにされたり、半分騙されたりしながら、紆余曲折を経て今に至ったエピソードは、第一章でご紹介したとおりです。

サラリーマンの方が、いま私がやっている「週末起業フォーラム」の活動などをみると、「とても藤井さんのようにはできませんよ」とおっしゃいます。

そりゃ、そうでしょう。私だって最初からできるとは思っていませんでした。ほんの数年前、サラリーマンだった私が今の私をみれば、きっと同じように「自分にはこんなふうにはできないよ」と思ったに違いありません。

白状しますが、私は最初から今のような自分の姿を描いて行動してきたわけでもありません。

「週末起業フォーラム」の活動ひとつとっても、こんな組織が立ち上がるとは思ってもいませんでしたし、一年間で一千名以上の会員に参加していただけるなんて、とても考えていませんでした。

ただ目の前にぶら下がったモノを何でもかんでもやってみた、ほとんど失敗した、でもうまくいったわずかなものがあった、それだけが残っている、それだけのことなのです。

新しいことをはじめ、軌道に乗せるには、このように試行錯誤すること、うまくいくまで続けること、月並みですがこれしかないと思います。この過程を起業といい、それができる人を起業家というのだと思います。

ただ、もちろん起業家とて人間です。志だけでは生きていけません。その間も食べていく必要がありますし、住むところだって必要です。ましてや家族を持った人なら、家族を路頭に迷わせないことは最低限の義務です。

だから、週末起業なのです。

「これは!」ということが見つかるまで何度でもやってみるのです。そのためには今の会社を辞めてはいけません。お金もかけてはいけません。借金なんてもってのほかです。

とにかく四の五のいわず、できることから明日からでもやってみる、とれるリスクの範囲でなんでもかんでもやってみる、それを可能にするたったひとつの方法、それが週末起業だと思うのです。

「週末は、起業家になる――。」

そんなサラリーマンで日本中がいっぱいになれば、日本は必ず元気になると私は確信しています。

あとがき

「日本を起業家で溢れる国にしたい」。とくに、優秀なサラリーマンがどんどん起業するようになれば、日本は必ず元気になるはずだ。そんな想いで週末起業の活動をはじめたのは、実はもう三年以上前になります。

はじめたころはまだネットバブルが全盛のころで、起業とは億単位のお金をかき集めてきて一挙に株式上場を果たし、巨額のキャピタルゲインを得るものと考えられていた時代です。それに対して我々の提唱する、会社を辞めずに起業するという起業スタイルは、リスクはとらない、お金はかけないという起業ですから、半ば嘲笑の意味も込めて〝癒し系の起業〟などといわれていました。

それからネットバブルがはじけて、世の中は様変わりしました。時代背景もあって週末起業の活動は、最近、急速に注目されるようになりました。そんな周囲の声に応える形で昨年スタートした「週末起業フォーラム」(http://www.shumatsu.net)も創設一年足らずで一千二百名以上の起業希望者に参加していただくまでになりました。最近は「週末起業が成功したので独立開業します」という嬉しいご連絡をいただくことも多くなりました。こんなご連絡をもらうたびに「この活動をやっていてよかったな」と思うと同時に、この起業スタイルが起業家を増やすうえで確実な手法であることを再認識します。

もちろん、低リスクの週末起業であっても、はじめることに二の足を踏む人はいます。残念ながら全員が成功するわけではありません。しかし、はじめなければ成功はあり得ません。

本文で事例として紹介した方々も、失礼ながら特別センスがいいとか、何か特別なオーラを放っているとか、そんなことはありません。一見、どこにでもいるごく普通のサラリーマンです。ただ彼らについて一つだけ言えることは、彼らは夢を形にするために行動を起こしたということです。

確かに最初の一歩を踏み出すことにはたいへんな勇気がいります。私もそうでした。最初は誰でも試行錯誤するでしょう。でも恐がる必要はありません。

週末起業で失うものは何もないのです。

今ある収入を失うわけではありませんし、大きな投資もしないのです。うまくいかなければ引き返せばいいのです。ですから安心して最初の一歩を踏み出してください。

私も本文でご紹介したとおり、この週末起業をはじめたきっかけは、先輩コンサルタントの「会社にいながらやってみたら」その一言でした。そして「そんな都合よくできるかな」と思いながらも「ダメならすぐにやめればいい」という気持ちでやってみたのです。

このように、きっかけは小さなことです。でも、その積み重ねが人生を大きく変えます。本書があなたの小さなきっかけになれば、これに勝る幸せはありません。

なお、本書はとうてい私一人の力では書き上げることができませんでした。本書の締めくくりにあたり、この場をお借りしてご協力いただいたみなさまに謝辞を申し上げます。

とくに、経営コンサルタントの森英樹先生には感謝の言葉もありません。森先生はプロの経営コンサルタントとして、私がまだ週末起業の駆け出しコンサルタント時代からたいへん親切に指導、アドバイスをしてくださいました。その後「週末起業」にご賛同いただき、活動に力を貸していただいています。本書の内容も森先生からいただいたアイデアをたくさん盛り込んであります。また、公認会計士・税理士の田中武先生には、税務に関する監修をいただきました。ありがとうございました。

また週末起業フォーラムの会員の皆さん、そしてスタッフの皆さんに感謝します。皆さんがいなければ、週末起業という考え方をこれほど短期間に普及させることはできなかったでしょう。貴重なノウハウをご提供いただいた皆さん、会社にバレるリスクを顧みず取材に応じてくださった皆さん、ほとんどボランティアでフォーラムの活動を支えてくださったスタッフの皆さんには、本当に感謝しています。今後さらにノウハウに磨きをかけ、週末起業の輪をさらに大きくしていくことでお返ししたいと思います。

また私の家族にも感謝します。とくに妻に感謝します。週末起業時代から休みもロクに取らず、小さな子どもたちの子育てを押しつけてきました。今年のゴールデンウィークも本書の執筆で完全に潰れてしまいました。日に焼けていない子どもたちを見ると胸が痛みます。ごめんなさい。夏休みは必ずどこかに連れて行きます。

最後になりましたが、筑摩書房の永田士郎氏にはたいへんお世話になりました。あなたの週末起業に対する情熱がなければ、本書がこの世に出ることはなかったでしょう。ここに厚くお礼を申し上げます。

二〇〇三年七月

藤井孝一

ちくま新書
427

週末起業

二〇〇三年八月一〇日　第一刷発行
二〇〇三年九月　五　日　第三刷発行

著　者　藤井孝一（ふじい・こういち）

発行者　菊池明郎

発行所　株式会社 筑摩書房
東京都台東区蔵前二-五-三　郵便番号一一一-八七五五
振替〇〇一六〇-八-四一二三

装幀者　間村俊一

印刷・製本　三松堂印刷　株式会社

ちくま新書の定価はカバーに表示してあります。
ご注文・お問い合わせ、落丁本・乱丁本の交換は左記宛へ。
さいたま市北区櫛引町二-六〇四　筑摩書房サービスセンター
郵便番号三三一-八五〇七
電話〇四八-六五一-〇〇五三

ISBN4-480-06127-4 C0234

ちくま新書